YO-KAI WATCH®

LE GUIDE DES YO-KAI

hachette JEUNESSE

SOMMAIRE

LES PERSONNAGES

NATHAN

Nathan est un jeune garçon qui partage son temps entre l'école et ses amis. Il vit avec ses parents à Granval-sur-mer, dans une grande maison. Après sa rencontre avec Whisper au milieu de la forêt, sa vie n'est plus vraiment celle d'un élève tranquille ! Son valet Yo-kai ne le quitte plus une seconde et le quotidien du garçon devient nettement plus compliqué !

Nathan fait de la chasse aux Yo-kai une préoccupation quotidienne. Dès que quelque chose ne tourne pas rond, et même quand Whisper est le premier à en douter, il part à la chasse aux Yo-kai et fait tout pour que les choses rentrent dans l'ordre. Il ne laissera pas les Yo-kai mener la danse !

KATIE

Katie est une amie proche de Nathan. Elle est gentille et généreuse mais ne se laisse pas marcher sur les pieds ! Elle aime bien Nathan, bien qu'elle le trouve banal... ce qui le vexe terriblement ! Katie est souvent la proie de Yo-kai déprimants qui lui font perdre momentanément sa joie de vivre.

Nathan est amoureux de Katie. Il cherche tout le temps à lui plaire, mais c'est la plupart du temps sans succès, car il cumule avec elle les situations embarassantes... Très souvent provoquées par des Yo-kai !

MATT

Matt est le plus rationnel de la bande ! Il aime que les choses puissent être expliquées par la science ou les mathématiques. Même si Nathan lui confiait que les Yo-kai influent de manière mystérieuse sur les comportements des gens, il y a fort à parier qu'il ne le croirait pas !

Et pourtant, les Yo-kai l'ont parfois poussé lui aussi à faire des choses étranges, comme cette fois où, envoûté par Pioubidou, Matt a entamé devant toute la classe une danse du ventre endiablée !

BLAISE

Rémi Blaise, surnommé **Balaise** par ses camarades, a beau avoir un physique de costaud, il n'en est pas moins un grand sensible qui espère toujours avoir de bonnes notes. Les Yo-kai ont l'habitude de mettre Balaise dans des situations plutôt embarrassantes, par exemple en lui faisant croire qu'il est capable de battre des records sportifs…

M. ADAMS

Le père de Nathan n'est pas souvent à la maison, car il travaille beaucoup. C'est un homme optimiste, calme et enjoué qui aime beaucoup sa famille. Mais cela ne l'empêche pas de subir l'envoûtement des Yo-kai.

Mme ADAMS

La mère de Nathan est très impliquée dans la vie de la maison et aime que les choses soient bien faites. Elle se met facilement en colère (et ce n'est pas toujours à cause d'un Yo-kai !), surtout si Nathan laisse trop de désordre dans sa chambre ou si la nourriture disparaît trop rapidement…

Nathan se fait souvent accuser à tort d'avoir volé en cachette des barres chocolatées… alors que c'est Jibanyan le responsable ! Mais pour le désordre, impossible de trouver une excuse !

WHISPER

Lorsqu'il libère **Whisper**, Nathan ne s'attend pas à ce que ce Yo-kai lui promette une reconnaissance éternelle ! Whisper se propose de devenir le valet Yo-kai du garçon, une fonction qui n'existe pas vraiment ! Pour Nathan, cela signifie que Whisper ne le quittera plus jamais… ce qui est à la fois une bonne et une mauvaise nouvelle !

Car si Whisper ouvre à Nathan les portes du monde merveilleux des Yo-kai, c'est aussi un compagnon bavard, orgueilleux, susceptible et finalement pas très calé en Yo-kai ! Et bien qu'il se considère plus fort que les autres, il arrive aussi à Whisper d'être sous l'emprise d'un autre Yo-kai !

JIBANYAN

Avant de devenir un Yo-kai, **Rouminet** était un chaton très heureux avec Amélie, sa maîtresse. Mais un jour, en traversant la rue, il a été renversé par un camion. Depuis, il est devenu **Jibanyan** ! Ce Yo-kai s'est juré qu'un jour, il parviendrait à stopper un camion. Évidemment, il n'y arrive jamais, puisqu'il est invisible !

Pour se venger, Jibanyan envoûte les piétons afin qu'ils traversent au moment où passent les véhicules, forcés de freiner brusquement pour les éviter.

LES TRIBUS

LA TRIBU DES VAILLANTS

Les vaillants sont des Yo-kai particulièrement courageux, qui excellent au combat. Lorsqu'il faut faire une démonstration de force, on peut compter sur eux !

VAILLE QUE VAILLE, TOUJOURS DE TAILLE, VIVE LES VAILLANTS !

Woko

Pagno

Alfoncéo

Toumou

Lamlam'mou

Samouraï

Sumochi

Mochimacho

Heaumer

Bushidos

Âmiral

Feulion

Vibrilion

Siro

Bonneto

Sabri

Padelou

Orox

Benkei

B3-NK1

Sushiyama

Kapunki

Scatcheur

Scharmouche

Scarnage

Zerberker

Fouétar

LA TRIBU DES MYSTÉRIEUX

Ces Yo-kai sont tous du genre excentrique ! Ils agissent de façon étrange et leurs pouvoirs sont totalement imprévisibles.

MIEUX VAUT RIRE, MIEUX VAUT FUIR, MIEUX VAUT LE DIRE. UN TIENS VAUT MIEUX QUE DEUX MYSTÉRIEUX !

Morvobec

Matchou

Chaipô

Gagalurin

Papa Ress

Ralbouc

Bastata

Marra

Violette

Toutouïe

Babalance

Mémétal

Cupistol

Donjouant

Nonjuan

Padrézo

Émettor

Dynamo

Télémir

Nuiroir

Hiblusion

Hibrouille

Hibourling

Tengu

Tengurou

Espi

Étassavilia

Kyubi

Barakabo

LA TRIBU DES COSTAUDS

Ces Yo-kai sont très forts, physiquement et mentalement. Têtus et puissants, ils sont les plus difficiles à vaincre lors d'une confrontation, car ils détestent abandonner.

TROP BEAU ! TROP GROS ! PAS TROP TARD, PAS TROP TÔT, LES COSTAUDS !

Darabajoie

Darumastar

Goruma

Nanpart

Passpa

Granpart

Hauber

Pachycoul

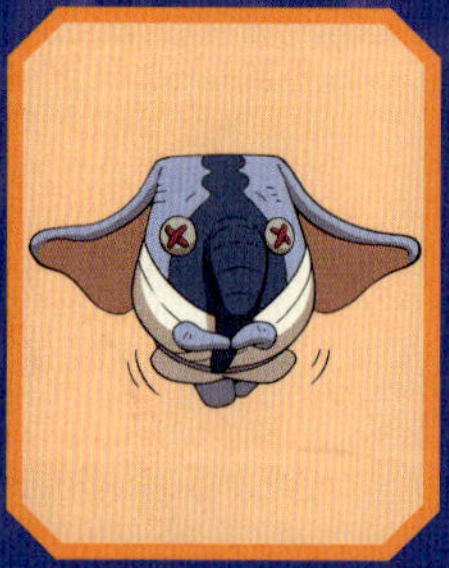

Persévéfant

Boulapic

Bouldacier

Lama Laya

Etna Magma

Loubarbare

Racaïd

Frérosse

Coléoptère

Rhinolimit

Corniaque

Castelius III

Castelius II

Castelius I

Castelius Max

Robonyan

Oronyan

Misterre

Ressac

LA TRIBU DES MIGNONS

Ces Yo-kai sont adorables et très attachants. La plupart d'entre eux réclament juste un peu d'attention. Avec eux, il y a rarement besoin d'utiliser la force.

MILLE MILLIONS, MILLE MILLE,
MISENT SUR NOS MINES DE MIGNONS !

Squarlett

Margoth

Cigalopin

Cigaillard

Cigazouille

Chihuaglagla

Froahuahua

Cho-cho

Jibanyan

Épinyan

Bandinyan

Kappacap

Appak

Kappaloha

Komasan

Komaous

Komajiro

Komistigri

Baku

Tapur

Pitou

Choubidou

Satandre

Angélik

Squelèbelle

Blizzaria

Damona

LA TRIBU DES BIENVEILLANTS

Les bienveillants sont tournés vers les autres. Ils aiment répandre la bonne humeur et la tendresse. Sans aucun doute, ce sont les Yo-kai les plus inoffensifs.

BIENVENUS ET BIEN PERÇUS, VOILÀ LES BIENVEILLANTS !

Noripop

Wakapoeira

Salsalga

Granpapéti

Puissanfon

Gainpère

Amoiz

Pikor

Nomoné

Noproblemo

Papiltation

Papiltension

Hyprapillon

Vitapillon

Jojojoyeux

Paradoxa

Potaumorose

Ratatam

Supernoël

Dédé

Dédestin

Tontonerre

Omnitonton

Tata Aura

Tata Câlin

LA TRIBU DES SOMBRES

Les Yo-kai de la tribu sombre ne respirent pas la joie de vivre, bien au contraire ! Ils aiment rester dans l'ombre, se couper du monde et inciter ceux qu'ils envoûtent à faire de même.

LE SON DES OMBRES, SONNEZ, SONNEZ, SECONDES DU MONDE SOMBRE !

Égaroni

Onisoi

Tortico

Tendino

Contracto

Nihilistik

Émousstik

Grattoptère

Marcognito

Ninjamévu

Nihilo

Vampiloc

Chauv'coucou

Ragioni

Suspicioni

Contrarioni

Tengubre

Bibliotengu

Nimpégase

Hennimi

Timidémon

Belzel

Dente

Vénaldo

Maltesse

Chauvekipeut

LA TRIBU DES SINISTRES

Inutile de le nier, ces Yo-kai-là fichent la frousse ! D'apparence très bizarre, ils sont responsables de comportements désagréables et font naître chez leurs victimes des sentiments négatifs.

AU SIGNAL, ILS S'IMMISCENT, PLACE AUX ARTISTES !
AU SIGNAL, ILS S'IMMISCENT, PLACE AUX SINISTRES !

Malmidal

Écchinose

Flamente

Chiperpiou

Volibrius

Pioubidou

Volatriste

Corniot

Bicorniot

Cerbébert

Humidon

Déliujien

Fryzeur

Kongel

Hémirhino

Blablara

Umilie

Lulugubre

Pégaz

Méphito

Misterbide

Flopito

Cenridion

Jouvencia

Éterna

Insomnelle

Morféa

LA TRIBU DES INSAISISSABLES

Les Yo-kai de cette tribu sont des esprits libres et indépendants. Ils sont particulièrement difficiles à convaincre.

INSIDIEUX, INSONDABLES, AINSI SONT FAITS LES INSAISISSABLES !

Babadou

Tourneboul

Noko

Nénunoko

Pandanoko

Anghihihille

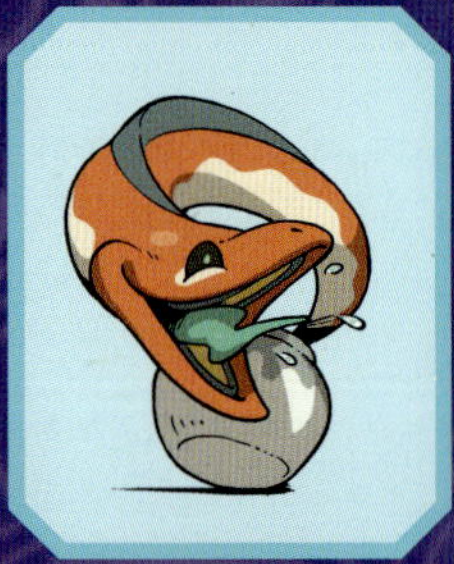
Méroubadour

Urnaconda

Murhaine

Saumhonni

Vexturgeon

Croquin

Inisquale

Claquille

Cocpille

Jacquasseur

Bananar

Vipètesec

Vipérâle

Vipairflay

Dracounet

Sire Dragon

Dragô

Octorgone

Octorgombre

LES YO-KAI

Certains Yo-kai te réservent bien des surprises !
Fusion ou évolution ?
Quelle transformation préfèreras-tu ?

ÉVOLUTION

PAGNO

Le Yo-kai présenté peut évoluer sous cette nouvelle forme. Pour cela, il doit atteindre un certain niveau de puissance.

FUSION

HEAUMER HAUBER

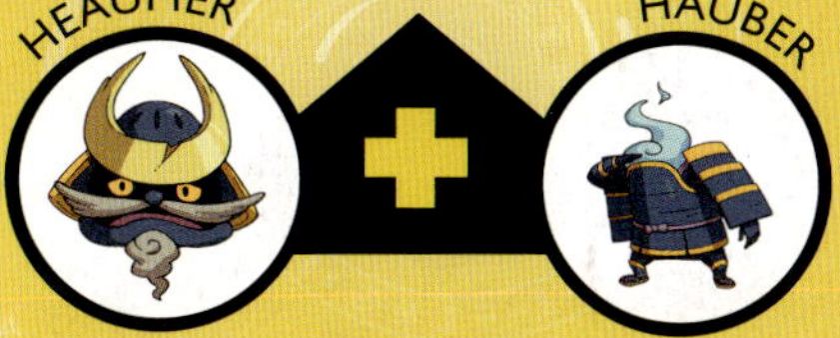

Le Yo-kai présenté est le résultat d'une fusion de deux autres Yo-kai ou d'un Yo-kai et d'un objet.

WOKO

001

VAILLANT

Ce Yo-kai entre dans la bataille vêtu uniquement d'un pagne et d'un wok… sur la tête. Évite de lui chercher des poux.

Type : Attaque

Plat préféré : Boulettes de riz

Attaques et actions :

- Talent : Casse-cou
- Attaque : Pointe perçante
- Charge Âmultime : Cure-dents aiguisé
- Technique : Feu
- Envoûtement : Imprudence

PAGNO

002

VAILLANT

Ayant abandonné le port du wok, Pagno ne porte que l'essentiel. Ceci dit, tu ne le verras jamais tressaillir ou se blesser.

Type : Attaque

Plat préféré : Boulettes de riz

Attaques et actions :

- Talent : Casse-cou
- Attaque : Piques aiguisées
- Charge Âmultime : Cure-dents fou
- Technique : Feu
- Envoûtement : Sans défense

ALFONCÉO

003

VAILLANT

RARE !

Ce Yo-kai est toujours le premier arrivé au combat ! Sans habits pour le ralentir, Alfoncéo arrive en avance, avec un bronzage impeccable.

Attaques et actions :

- Talent : Casse-cou
- Attaque : Piques aiguisées
- Charge Âmultime : Coupe nette
- Technique : Galet
- Envoûtement : Sans peur

Type : Attaque

Plat préféré : Boulettes de riz

TOUMOU

004

VAILLANT

Ce Yo-kai katana fainéant peut aspirer toute ta motivation. Pour un être aussi paresseux, il est étonnant qu'il fasse preuve d'une si grande intelligence.

Attaques et actions :

- Talent : Double tranchant
- Attaque : Double coupure
- Charge Âmultime : Attaque blasée
- Technique : Tourbillon
- Envoûtement : Sans but

Type : Sabotage

Plat préféré : Jus

LAMLAM'MOU

005

VAILLANT

Si Lamlam'mou est trop paresseux pour se faire couper les cheveux, il ne l'est pas quand il est question de trancher ses ennemis de ses mèches acérées.

Attaques et actions :

- Talent : Double tranchant
- Attaque : Double coupure
- Charge Âmultime : Ruée forcée
- Technique : Tourbillon
- Envoûtement : Paresse

Type : Attaque

Plat préféré : Jus

SAMOUMOURAÏ

006

VAILLANT

RARE !

Samoumouraï est plus dangereux qu'il en a l'air : il peut en effet anéantir ses adversaires en un seul coup de mèche !

Attaques et actions :

- Talent : Double tranchant
- Attaque : Double coupure
- Charge Âmultime : Mèches effilées
- Technique : Grêle
- Envoûtement : Paresse

Type : Sabotage

Plat préféré : Jus

SUMOCHI

007

VAILLANT

Sumochi est mignon la plupart du temps, mais quand il s'énerve son corps se craquelle et sa tête virile fait irruption.

Attaques et actions :

- Talent : Peau rebondie
- Attaque : Poing puissant
- Charge Âmultime : Poing mochi
- Technique : Galet
- Envoûtement : Mochi-force

Type : Attaque

Plat préféré : Boulettes de riz

MOCHIMACHO

008

VAILLANT

Quand il est amoureux, Mochimacho devient très protecteur avec l'élue de son cœur. Ta jalousie sera décuplée à cause de lui.

Attaques et actions :

- Talent : Peau rebondie
- Attaque : Poing puissant
- Charge Âmultime : Poing minochi
- Technique : Feu
- Envoûtement : Jalousie

Type : Attaque

Plat préféré : Boulettes de riz

HEAUMER

009

Heaumer est un casque flottant qui a été porté par un célèbre commandant. Il passe le plus clair de son temps à la recherche de son corps.

Type : Attaque

Plat préféré : Légumes

Attaques et actions :

- Talent : Esprit gardien
- Attaque : Coup de tête
- Charge Âmultime : Ultimatheaume
- Technique : Décharge
- Envoûtement : Défense casque

BUSHIDOS

010

Hauber et Heaumer enfin réunis ! Bushidos aspire maintenant à faire ce qu'il n'a pu réussir quand il était vivant : unifier le pays.

Type : Attaque

Plat préféré : Légumes

Attaques et actions :

- Talent : Esprit gardien
- Attaque : Rafale de coups
- Charge Âmultime : Entaille du Bushi
- Technique : Décharge
- Envoûtement : Sort du chevalier

ÂMIRAL

011

VAILLANT

RARE !

Meneur populaire de son vivant, Âmiral mène une armée d'esprits, même dans la mort. Ça, c'est du charisme !

Type : Sabotage

Plat préféré : Légumes

Attaques et actions :

- Talent : Esprit gardien
- Attaque : Rafale de coups
- Charge Âmultime : Droit en enfer
- Technique : Absorption
- Envoûtement : Sort du Styx

FEULION

012

VAILLANT

Le roi des bêtes à la crinière de feu ! Ce Yo-kai au sang chaud vient en aide à ses amis avec un dévouement sans faille.

Type : Technique

Plat préféré : Viande

Attaques et actions :

- Talent : Esprit solidaire
- Attaque : Poing précis
- Charge Âmultime : Poing de feu
- Technique : Incendie
- Envoûtement : Enflammer

VIBRILION

013

VAILLANT

À chaque pas, Vibrilion fait trembler le sol… Certaines de ces secousses pourront même faire chavirer ton cœur. Raaah !

Type : Technique

Plat préféré : Viande

Attaques et actions :

- Talent : Esprit courageux
- Attaque : Poing précis
- Charge Âmultime : Attaque sismique
- Technique : Éboulement
- Envoûtement : Fierté du lion

SIRO

014

VAILLANT

RARE !

Ceux que Siro envoûte deviennent de meilleures personnes. Leur futur brillera de mille feux.

Type : Technique

Plat préféré : Viande

Attaques et actions :

- Talent : Esprit étincelant
- Attaque : Poing précis
- Charge Âmultime : Chaleur radiante
- Technique : Foudre
- Envoûtement : Cri du cœur

BONNETO

015

Jadis fier guerrier, Bonneto a tout perdu en s'adonnant aux paris... Son meilleur coup aujourd'hui ? La fuite !

Attaques et actions :

- Talent : Quitte ou double
- Attaque : Poing un-deux
- Charge Âmultime : Passe ou casse
- Technique : Feu
- Envoûtement : Tout ou rien

Type : Attaque

Plat préféré : Fruits de mer

SABRI

016

Ce Yo-kai a repris la voie du sabre quand son esprit a été ravivé par une lame légendaire.

Attaques et actions :

- Talent : Célérité
- Attaque : Taillade éclair
- Charge Âmultime : Entaille mythique
- Technique : Tourbillon
- Envoûtement : Fine lame

Type : Attaque

Plat préféré : Fruits de mer

PADELOU

017

VAILLANT

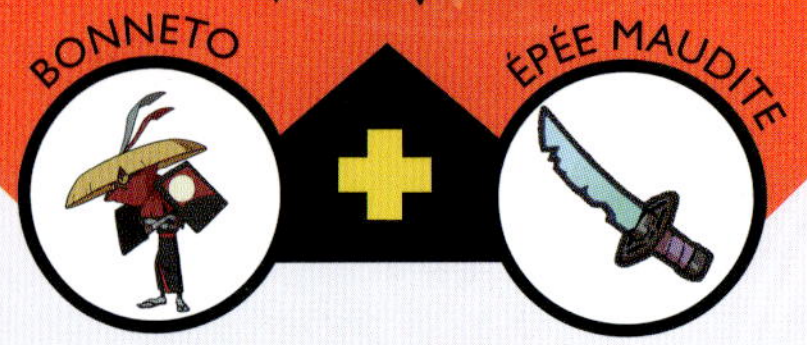

Type : Technique

Plat préféré : Fruits de mer

Ensorcelé par sa lame maudite, Padelou veut répandre le sang partout où il passe. Il peut très facilement approcher ses ennemis sans se faire repérer.

Attaques et actions :

- Talent : Peau maudite
- Attaque : Taillade éclair
- Charge Âmultime : Entaille du démon
- Technique : Absorption
- Envoûtement : Épée maudite

OROX

018

VAILLANT

Type : Attaque

Plat préféré : Fruits de mer

RARE !

Orox est un guerrier portant un sabre divin qui est taillé pour hacher menu le mal. Parviendra-t-il à ramener la paix dans le monde ?

Attaques et actions :

- Talent : Célérité
- Attaque : Taillade éclair
- Charge Âmultime : Entaille sacrée
- Technique : Décharge
- Envoûtement : Épée sacrée

BENKEI

019

VAILLANT

Benkei cache dans son estomac 999 armes ayant appartenu aux ennemis qu'il a vaincus. Il peut faire appel à elles dès qu'il en éprouve le besoin.

Attaques et actions :

- Talent : Chasse-lame
- Attaque : Taillade éclair
- Charge Âmultime : 999 lames
- Technique : Grêle
- Envoûtement : Maladresse

Type : Attaque

Plat préféré : Cuisine chinoise

B3-NK1

020

VAILLANT

Mi-machine, mi-Yo-kai, B3-NK1 pourrait être le premier Yo-kai cyborg du monde.

Attaques et actions :

- Talent : Chasse-lame
- Attaque : Taillade éclair
- Charge Âmultime : Fusil B3-NK1
- Technique : Décharge
- Envoûtement : Force de cyborg

Type : Attaque

Plat préféré : Cuisine chinoise

SUSHIYAMA

021

VAILLANT

Sushiyama veut désespérément devenir japonais. Il dort sur un futon et ne mange que des sushis. Pas sûr que ce soit la meilleure façon de concrétiser son rêve.

Attaques et actions :

- Talent : Brise-garde
- Attaque : Casse-tête
- Charge Âmultime : Sushiyamattaque
- Technique : Grêle
- Envoûtement : Esprit samouraï

Type : Attaque

Plat préféré : Boulettes de riz

KAPUNKI

022

VAILLANT

RARE !

Kapunki porte un maquillage dans le style du kabuki, une forme de théâtre japonais traditionnel. Il rêve de faire du rock et de parcourir le monde pour rencontrer ses fans.

Attaques et actions :

- Talent : Volonté de fer
- Attaque : Casse-tête
- Charge Âmultime : Coup de bâton
- Technique : Feu
- Envoûtement : Kabukisation

Type : Attaque

Plat préféré : Boulettes de riz

SCATCHEUR

023

VAILLANT

Scatcheur est un jeune combattant qui se bat avec ses cornes et ses poings. Il s'entraîne avec son rival, Coléroptère.

Type : Défense

Plat préféré : Légumes

Attaques et actions :

- Talent : Grand sérieux
- Attaque : Poing un-deux
- Charge Âmultime : Pince néfaste
- Technique : Galet
- Envoûtement : Scaraforce

SCARMOUCHE

024

VAILLANT

Si Scatcheur bat un grand nombre d'ennemis dans tout un tas de combats féroces, il se transformera en Scarmouche, un Yo-kai très imposant.

Type : Défense

Plat préféré : Légumes

Attaques et actions :

- Talent : Intimidation
- Attaque : Poing météore
- Charge Âmultime : Pinces infernales
- Technique : Grêle
- Envoûtement : Force guerrière

SCARNAGE

025

VAILLANT

RARE !

Scarnage est un Yo-kai scarabée qui est respecté comme une divinité. Grâce à sa puissance incroyable, il peut t'être d'une très grande aide.

Attaques et actions :

- Talent : Intimidation
- Attaque : Poing météore
- Charge Âmultime : Guillotine
- Technique : Foudre
- Envoûtement : Énergie divine

Type : Attaque

Plat préféré : Légumes

ZERBERKER

026

VAILLANT

Une légende raconte que Zerberker aurait détruit tout un village dans un accès de colère. Tu exploserais de rage s'il était dans les parages.

Attaques et actions :

- Talent : Casse-pieds
- Attaque : Taillade éclair
- Charge Âmultime : Lame Zerbecker
- Technique : Feu
- Envoûtement : Furie

Type : Attaque

Plat préféré : Viande

FOUÉTAR

027

VAILLANT

RARE !

Ce Yo-kai entre dans les maisons pour faire peur aux enfants qui ne sont pas sages. Son intrusion fait qu'ils le deviennent. Un Père Noël inversé en quelque sorte.

Attaques et actions :

- Talent : Chasse-lame
- Attaque : Taillade éclair
- Charge Âmultime : Sales gamins
- Technique : Grêle
- Envoûtement : Frayeur

Type : Attaque

Plat préféré : Viande

CHAIPÔ

028

MYSTÉRIEUX

Chaipô s'accroche à ta tête pour dévorer tes souvenirs. Il peut être utile pour effacer les mauvais… ou tout simplement porter un chapeau.

Attaques et actions :

- Talent : Sans garde
- Attaque : Morsure
- Charge Âmultime : Mange-mémoire
- Technique : Tourbillon
- Envoûtement : Mémoriphage

Type : Sabotage

Plat préféré : Bonbons

GAGALURIN

029

MYSTÉRIEUX

Ce Yo-kai peut faire en sorte que les personnes, même les plus intelligentes, arrêtent de réfléchir et se perdent dans leurs rêves. La vie ne serait-elle pas plus agréable ? Encore faudrait-il s'en rendre compte !

Type : Soutien

Plat préféré : Bonbons

Attaques et actions :

- Talent : Prédiction
- Attaque : Morsure
- Charge Âmultime : Vide-vite
- Technique : Décharge
- Envoûtement : Exaltation

MORVOBEC

030

MYSTÉRIEUX

Morvobec, un Yo-kai grue, traîne toujours un mauvais rhume. Il a peur que ses fuites nasales l'alourdissent et l'empêchent de voler. Qui ne le serait pas à sa place ?

Type : Technique

Plat préféré : Fruits de mer

Attaques et actions :

- Talent : Jeu d'eau
- Attaque : Pointe perçante
- Charge Âmultime : Baffe élastique
- Technique : Torrent
- Envoûtement : Nez coulant

MATCHOU

031

MYSTÉRIEUX

As-tu déjà été malade sans en être vraiment sûr ? Si oui, c'est à cause de Matchou, à tous les coups !

Attaques et actions :

- Talent : Jeu de glace
- Attaque : Pointe perçante
- Charge Âmultime : Goutte au nez
- Technique : Gel
- Envoûtement : Gros rhume

Type : Technique

Plat préféré : Fruits de mer

PAPA RESS

032

MYSTÉRIEUX

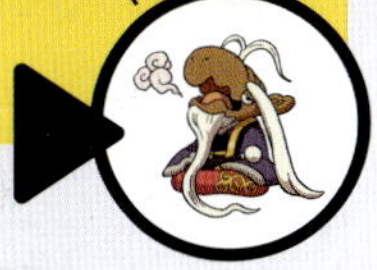

Impossible de résister aux chants de Papa Ress : il peut t'ôter toute l'envie de... tout, en fait !

Attaques et actions :

- Talent : Rythme apaisant
- Attaque : Frappe
- Charge Âmultime : Invocoation
- Technique : Guérison
- Envoûtement : Plein de soupirs

Type : Guérison

Plat préféré : Hamburger

RALBOUC

033

Ralbouc s'ennuie de tout très vite. Ses superbes sourcils et sa barbe devraient leur longueur au simple fait qu'il trouve barbant de s'en occuper.

Attaques et actions :

- Talent : Rythme apaisant
- Attaque : Méga-frappe
- Charge Âmultime : Bâille bâille
- Technique : Restauration
- Envoûtement : Plein de soupirs

Type : Guérison

Plat préféré : Hamburger

BASTATA

034

RARE !

Bastata ne finit jamais ce qu'il commence et ne fera pas deux fois la même chose. Toutes ces expériences uniques lui ont appris beaucoup.

Attaques et actions :

- Talent : Rythme apaisant
- Attaque : Méga-frappe
- Charge Âmultime : Super bâille bâille
- Technique : Éboulement
- Envoûtement : Démotivateur

Type : Technique

Plat préféré : Hamburger

MARRA

035

MYSTÉRIEUX

Marra absorbe tout le plaisir et les rires que peut produire un événement heureux et les garde pour elle.

Type : Technique

Plat préféré : Hamburger

Attaques et actions :

- Talent : Ténacité
- Attaque : Coup de boule
- Charge Âmultime : Aaabsorption
- Technique : Absorption
- Envoûtement : Plié en quatre

VIOLETTE

036

MYSTÉRIEUX

Si quelqu'un sort de l'eau avec les lèvres bleues, c'est qu'il a probablement été envoûté par Violette.

Type : Technique

Plat préféré : Hamburger

Attaques et actions :

- Talent : Ténacité
- Attaque : Coup de boule
- Charge Âmultime : Bisou bleu
- Technique : Vortex
- Envoûtement : Grelottement

TOUTOUÏE

037

MYSTÉRIEUX

Quand Toutouïe envoûte une personne, celle-ci meurt d'envie de lui dire tout, vraiment tout. Aucun secret ne résiste à ce Yo-kai.

Attaques et actions :

- Talent : Traitement
- Attaque : Gifle
- Charge Âmultime : Claque d'amour
- Technique : Guérison
- Envoûtement : Révélation

Type : Guérison

Plat préféré : Ramen

BABALANCE

038

MYSTÉRIEUX

Babalance utilise ses énormes haut-parleurs pour diffuser des secrets honteux à travers toute la ville. Espérons que ce ne soient pas les tiens !

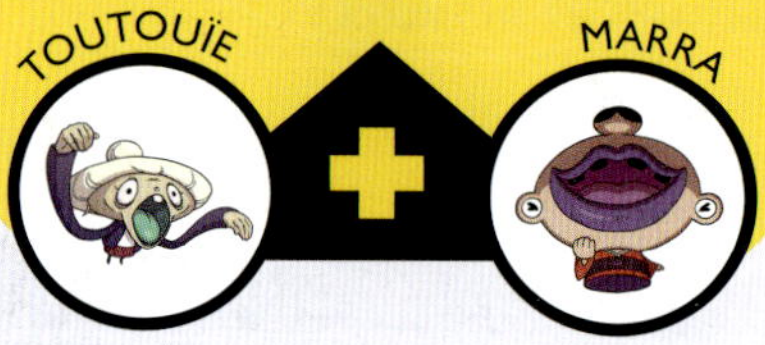

Attaques et actions :

- Talent : Traitement
- Attaque : Méga-frappe
- Charge Âmultime : Volume à fond !
- Technique : Restauration
- Envoûtement : Révélation

Type : Guérison

Plat préféré : Ramen

MÉMÉTAL

039

MYSTÉRIEUX

RARE !

Seules les Toutouïe qui auront trouvé l'amour avec le heavy metal pourront se grimer en squelette et devenir Mémétal.

Attaques et actions :

- Talent : Traitement
- Attaque : Gifle
- Charge Âmultime : Squelébaffe
- Technique : Guérison
- Envoûtement : Visage peint

Type : Sabotage

Plat préféré : Ramen

CUPISTOL

040

MYSTÉRIEUX

Ce charmant Yo-kai est populaire auprès de ces dames. Armé de son pistolet en forme de cœur, il rend chaque personne qu'il touche amoureuse de toi.

Attaques et actions :

- Talent : Sympathie
- Attaque : Tir
- Charge Âmultime : Baiser de la vie
- Technique : Tourbillon
- Envoûtement : Popularité

Type : Technique

Plat préféré : Pain

DONJOUANT

041

MYSTÉRIEUX

Type : Technique

Plat préféré : Pain

Un seul regard de ce narcissique suffit pour rendre les femmes amoureuses de lui, quels que soient leur âge et leur apparence.

Attaques et actions :

- Talent : Sympathie
- Attaque : Salve de tirs
- Charge Âmultime : De tout mon cœur
- Technique : Ouragan
- Envoûtement : Popularité

NONJUAN

042

MYSTÉRIEUX

Type : Technique

Plat préféré : Pain

Vocii le parfait opposé de Donjouant ! Nonjuan n'a aucun succès et fera de toi la personne la plus impopulaire du coin ! Mieux vaut ne pas trop s'approcher de lui.

Attaques et actions :

- Talent : Antipathie
- Attaque : Salve de tirs
- Charge Âmultime : Amour brûlant
- Technique : Incendie
- Envoûtement : Impopularité

PADRÉZO

043

Ce Yo-kai malicieux se nourrit d'ondes radio. Tu n'auras pas beaucoup de réseau sur ton téléphone s'il se trouve près de toi.

Type : Technique

Plat préféré : Boulettes de riz

Attaques et actions :

- Talent : Jeu de foudre
- Attaque : Poing un-deux
- Charge Âmultime : Choc électrique
- Technique : Foudre
- Envoûtement : Paralysie

ÉMETTOR

044

Ceux désespérément en manque de réseau vénèrent Émettor, qui peut booster n'importe quelle réception. Il suffit de le demander !

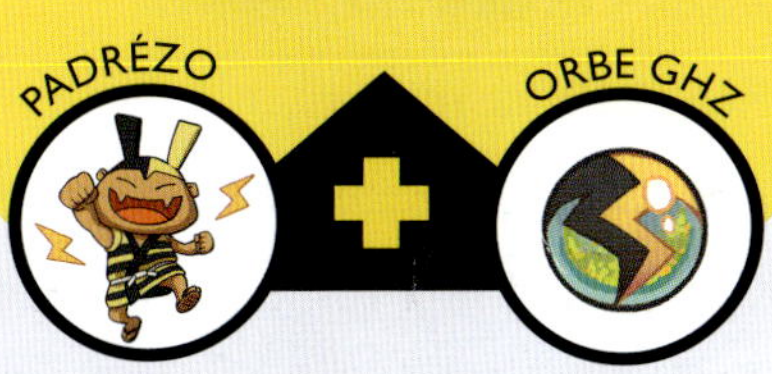

Type : Technique

Plat préféré : Boulettes de riz

Attaques et actions :

- Talent : Jeu de foudre
- Attaque : Poing un-deux
- Charge Âmultime : Foudr'invocation
- Technique : Haute tension
- Envoûtement : Paralysie

DYNAMO

045

MYSTÉRIEUX

RARE !

Dynamo est plutôt paresseux, mais s'il arrive à se motiver il est capable de résoudre les problèmes d'énergie du monde grâce à sa puissance.

Attaques et actions :

- Talent : Extension
- Attaque : Poing un-deux
- Charge Âmultime : Giga recharge
- Technique : Haute tension
- Envoûtement : Électrocution

Type : Technique

Plat préféré : Boulettes de riz

TÉLÉMIR

046

MYSTÉRIEUX

Cet ancien miroir à l'intérieur duquel était emprisonnée une âme est devenu un Yo-kai. Il peut faire office de portail temporel.

Attaques et actions :

- Talent : Effet miroir
- Attaque : Plaquage absolu
- Charge Âmultime : Tourne-miroir
- Technique : Vortex
- Envoûtement : Énergie du miroir

Type : Soutien

Plat préféré : Cuisine chinoise

NUIROIR

047

Nuiroir remplit l'espace qui se cache derrière les miroirs avec une force maléfique, qu'il loue aux mauvais Yo-kai. À un taux d'intérêt très élevé, bien sûr.

Attaques et actions :

- Talent : Effet miroir
- Attaque : Plaquage absolu
- Charge Âmultime : Monde obscur
- Technique : Récolte
- Envoûtement : Miroir maudit

Type : Technique

Plat préféré : Cuisine chinoise

HIBLUSION

048

Ce professeur attentionné utilise ses pouvoirs d'illusionniste pour rendre les leçons les plus ardues accessibles à tous.

Attaques et actions :

- Talent : Fraternité
- Attaque : Frappe
- Charge Âmultime : Esprit trompé
- Technique : Rapides
- Envoûtement : Énergie illusion

Type : Technique

Plat préféré : Cuisine chinoise

HIBROUILLE

049

MYSTÉRIEUX

Le frère d'Hiblusion, âgé et sympathique, peut disparaître dans un nuage de fumée.

Attaques et actions :

- Talent : Fraternité
- Attaque : Frappe
- Charge Âmultime : Esprit confus
- Technique : Gel
- Envoûtement : Énergie mirage

Type : Technique

Plat préféré : Cuisine chinoise

HIBOURLING

050

MYSTÉRIEUX

Ce Yo-kai parcourt le monde sans but. On peut dire que c'est un miracle quand les trois frères, Hiblusion, Hibrouille et Hibourling, se retrouvent ensemble.

Attaques et actions :

- Talent : Fraternité
- Attaque : Frappe
- Charge Âmultime : Remue-monde
- Technique : Foudre
- Envoûtement : Envie d'errer

Type : Technique

Plat préféré : Cuisine chinoise

ESPI

051

MYSTÉRIEUX

Espi adore lire ce qui se passe dans la tête des gens. Il est d'ailleurs vraiment injuste qu'on ne puisse pas lire dans les siennes. Mince, maintenant, elle sait ça aussi !

Type : Sabotage

Plat préféré : Légumes

Attaques et actions :

- Talent : Ténacité
- Attaque : Coup de boule
- Charge Âmultime : Troisième œil
- Technique : Éboulement
- Envoûtement : Détecte-miroir

ÉTASSIVILIA

052

MYSTÉRIEUX

Grâce à ses yeux, Étassivilia peut connaître l'âge, le nom, le sexe et l'anniversaire d'une personne, mais elle ne peut pas lire dans les pensées. Cela fait froid dans le dos quand même !

Type : Sabotage

Plat préféré : Légumes

Attaques et actions :

- Talent : Ténacité
- Attaque : Coup de boule
- Charge Âmultime : Aspiritisme
- Technique : Vortex
- Envoûtement : Force étrange

TENGU

053

MYSTÉRIEUX

Ce Yo-kai populaire contrôle le pouvoir du vent. On dit que sa force lui viendrait de son éventail.

Attaques et actions :

- Talent : Jeu de vent
- Attaque : Vilain coup
- Charge Âmultime : Éventail tornade
- Technique : Ouragan
- Envoûtement : Tengu-fication

Type : Technique

Plat préféré : Bonbons

TENGUROU

054

MYSTÉRIEUX

RARE !

Les cheveux de Tengurou ont la couleur du feu. La légende raconte qu'il rendrait les terres arides pour donner une leçon aux humains.

Attaques et actions :

- Talent : Jeu de feu
- Attaque : Vilain coup
- Charge Âmultime : Typhon embrasé
- Technique : Brasier
- Envoûtement : Brûlure

Type : Technique

Plat préféré : Bonbons

KYUBI

055

MYSTÉRIEUX

Renard à neuf queues, Kyubi est un Yo-kai d'élite. Générer une force plus puissante que celle d'un volcan ? Rien de plus facile pour lui !

Attaques et actions :

- Talent : Flair
- Attaque : Coup de queue
- Charge Âmultime : Inferno
- Technique : Brasier
- Envoûtement : Brûlure

Type : Technique

Plat préféré : Fruits de mer

BARAKABO

056

MYSTÉRIEUX

RARE !

Un seul poil du pelage argenté de ce Yo-kai rare porte chance sur plusieurs générations !

Attaques et actions :

- Talent : Flair
- Attaque : Coup de queue
- Charge Âmultime : Abîme arctique
- Technique : Blizzard
- Envoûtement : Protection sacrée

Type : Technique

Plat préféré : Fruits de mer

DARABAJOIE

057

COSTAUDS

Darabajoie ressemble à un daruma, un porte-bonheur japonais, mais son vrai corps se cache à l'intérieur. Mou et triste, il peut grandement te ralentir.

Type : Défense

Plat préféré : Pain

Attaques et actions :

- Talent : Peau brillante
- Attaque : Plaquage absolu
- Charge Âmultime : Tête la première
- Technique : Galet
- Envoûtement : Léthargie

DARUMASTAR

058

COSTAUDS

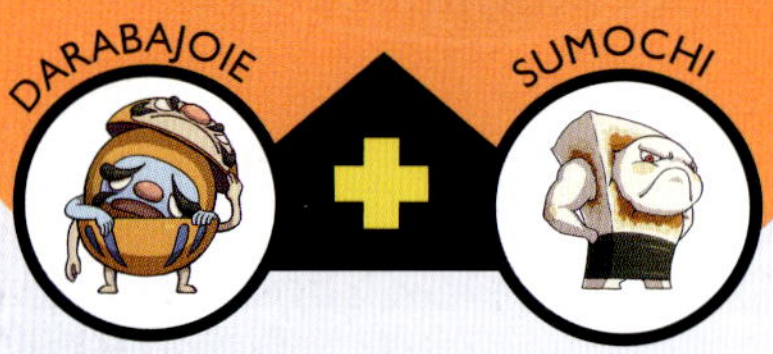

Darumastar, désormais un vrai Yo-kai macho, s'est entraîné durement au cours d'une retraite dans les montagnes pour se débarrasser de sa nature insipide.

Type : Attaque

Plat préféré : Pain

Attaques et actions :

- Talent : Peau brillante
- Attaque : Poing puissant
- Charge Âmultime : Surcharge
- Technique : Galet
- Envoûtement : Macho

GORUMA

059

COSTAUDS

Goruma n'était pas satisfait avant d'obtenir le corps et la force d'un gorille. Il peut réduire les voitures en bouillie.

Attaques et actions :

- Talent : Peau brillante
- Attaque : Poing puissant
- Charge Âmultime : Crochet du gorille
- Technique : Tourbillon
- Envoûtement : Tête de muscle

Type : Attaque

Plat préféré : Pain

NANPART

060

COSTAUDS

Ce Yo-kai refuse tout en poussant un « Nanpart ! » bien ferme. Il est plus facile de devenir chirurgien astronaute que d'en venir à bout.

Attaques et actions :

- Talent : Rempart
- Attaque : Plaquage absolu
- Charge Âmultime : Cul-de-sac
- Technique : Galet
- Envoûtement : Refus

Type : Défense

Plat préféré : Ramen

PASSPA

061

COSTAUDS

Impossible de passer quand ce Yo-kai est là ! Pourquoi ? Dans quel but fait-il ça ? Quelle est son histoire ? Personne ne le sait...

Type : Défense

Plat préféré : Ramen

Attaques et actions :

- Talent : Rempart
- Attaque : Plaquage
- Charge Âmultime : Muraille
- Technique : Éboulement
- Envoûtement : Refus

GRANPART

062

COSTAUDS

RARE !

Jadis impénétrable mur de château, Granpart est devenu un Yo-kai après la chute de la famille qu'il protégeait.

Type : Défense

Plat préféré : Ramen

Attaques et actions :

- Talent : Rempart
- Attaque : Plaquage
- Charge Âmultime : Perce-muraille
- Technique : Éboulement
- Envoûtement : Énergie du fort

HAUBER

063

COSTAUDS

Même sans tête, Hauber se donne à 110 %. Il rêve de retrouver sa tête. On ne sait pas comment il fait, mais oui il rêve !

Attaques et actions :

- Talent : Esprit gardien
- Attaque : Poing puissant
- Charge Âmultime : Moral d'acier
- Technique : Grêle
- Envoûtement : Défense d'acier

Type : Défense

Plat préféré : Légumes

PACHYCOUL

064

COSTAUDS

Pachycoul a toujours la sensation que son nez va couler. Quand il a besoin d'expulser, il attaque en envoyant un jet d'eau !

Attaques et actions :

- Talent : Endurance
- Attaque : Tour complet
- Charge Âmultime : Nez faste
- Technique : Torrent
- Envoûtement : Bougeotte

Type : Sabotage

Plat préféré : Boulettes de riz

PERSÉVÉFANT

065

COSTAUDS

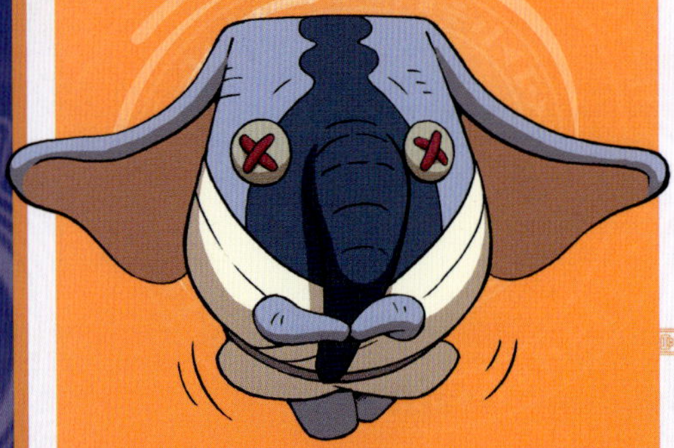

Persévéfant peut tout supporter, même quand, sous le poids de l'effort, il est secoué de tremblements. Il peut t'aider à être persévérant.

Attaques et actions :

- Talent : Endurance
- Attaque : Tour complet
- Charge Âmultime : Trompe-la-mort
- Technique : Rapides
- Envoûtement : Tremblements

Type : Sabotage

Plat préféré : Boulettes de riz

BOULAPIC

066

COSTAUDS

Boulapic est un drôle de Yo-kai. Personne ne sait pourquoi il fait autant d'efforts pour se mettre en travers de la route des gens.

Attaques et actions :

- Talent : Volonté de fer
- Attaque : Paume puissante
- Charge Âmultime : Blocus
- Technique : Torrent
- Envoûtement : Pique épine

Type : Défense

Plat préféré : Lait

BOULDACIER

067

COSTAUDS

Un camion benne n'arriverait pas à faire bouger le corps massif de Bouldacier. Mieux vaut éviter de lui barrer la route !

Attaques et actions :

- Talent : Volonté de fer
- Attaque : Paume puissante
- Charge Âmultime : Gifle de fer
- Technique : Torrent
- Envoûtement : Grosse épine

Type : Sabotage

Plat préféré : Lait

LAMA LAYA

068

COSTAUDS

Ce lutteur, originaire des contrées gelées, possède des jambes solides comme le roc et un cœur de glace. Son nom ? LAMA LAYA !

Attaques et actions :

- Talent : Volonté de fer
- Attaque : Paume puissante
- Charge Âmultime : Ultra haka
- Technique : Grêle
- Envoûtement : Persévérance

Type : Soutien

Plat préféré : Boulettes de riz

ETNA MAGMA

069

COSTAUDS

Vêtu de rouge, voici le seul lutteur capable de rivaliser avec Lama Laya ! Bien sûr, c'est le violent et volcanique Etnaaa Magmaaaaaaa !

Type : Attaque

Plat préféré : Boulettes de riz

Attaques et actions :

- Talent : Volonté de fer
- Attaque : Paume puissante
- Charge Âmultime : Haka du soir
- Technique : Décharge
- Envoûtement : Béni du volcan

LOUBARBARE

070

COSTAUDS

Loubarbare ne jure que par la rébellion. Il transforme les gentils enfants en de vilains garnements.

Type : Attaque

Plat préféré : Ramen

Attaques et actions :

- Talent : Revanche
- Attaque : Coup de tête
- Charge Âmultime : Gros dur
- Technique : Galet
- Envoûtement : Âme de rebelle

RACAÏD

071

COSTAUDS

Ce chef de gang entre en territoire ennemi armé de son effrayante batte cloutée. C'est sa manière à lui de montrer qu'il est le boss.

Attaques et actions :

- Talent : Revanche
- Attaque : Casse-tête
- Charge Âmultime : Air de gangster
- Technique : Galet
- Envoûtement : Âme de rebelle

Type : Attaque

Plat préféré : Ramen

FRÉROSSE

072

COSTAUDS

RARE !

On raconte que Frérosse a anéanti tout un gang Yo-kai à lui tout seul. Il est considéré comme un grand frère par de nombreux Yo-kai rebelles.

Attaques et actions :

- Talent : Revanche
- Attaque : Casse-tête
- Charge Âmultime : Batte de brute
- Technique : Météore
- Envoûtement : Rage

Type : Attaque

Plat préféré : Ramen

COLÉROPTÈRE

073

COSTAUDS

Le très agressif Coléroptère est toujours en train de se battre avec Scatcheur pour le titre du roi des Yo-kai insectes.

Type : Attaque

Plat préféré : Légumes

Attaques et actions :

- Talent : Brise-garde
- Attaque : Tour complet
- Charge Âmultime : Corne rageuse
- Technique : Éboulement
- Envoûtement : Rhinocéforce

RHINOLIMIT

074

COSTAUDS

Seuls certains Coléroptère ayant prouvé leur valeur au combat peuvent prétendre obtenir le nom de Rhinolimit.

Type : Attaque

Plat préféré : Légumes

Attaques et actions :

- Talent : Brise-garde
- Attaque : Casse-tête
- Charge Âmultime : Corne-à-corps
- Technique : Éboulement
- Envoûtement : Force inégalable

CORNIAQUE

075

COSTAUDS

RARE !

Quand Rhinolimit atteint un pouvoir supérieur à ses pairs, il peut accéder au statut très rare de Corniaque.

Attaques et actions :

- Talent : Brise-garde
- Attaque : Casse-tête
- Charge Âmultime : Corne explosive
- Technique : Météore
- Envoûtement : Énergie divine

Type : Soutien

Plat préféré : Légumes

CASTELIUS III

076

COSTAUDS

Avec lui, tu seras toujours troisième. Pas de quoi te réjouir, donc, sauf si tu veux faire fortune dans le bronze…

Attaques et actions :

- Talent : Armure bronze
- Attaque : Plaquage absolu
- Charge Âmultime : Autodestruction
- Technique : Galet
- Envoûtement : Énergie bronze

Type : Défense

Plat préféré : Lait

CASTELIUS II

077

COSTAUDS

Castelius II te fera stagner à la deuxième place. Ce n'est pas si mal, mais peut-être aurais-tu pu faire mieux...

Type : Défense

Plat préféré : Lait

Attaques et actions :

- Talent : Armure argent
- Attaque : Plaquage
- Charge Âmultime : Garde raffinée
- Technique : Gel
- Envoûtement : Énergie argent

CASTELIUS I

078

COSTAUDS

Première place, médailles d'or et trophées : ainsi sera ta vie si tu es envoûté par Castelius I.

Type : Défense

Plat préféré : Lait

Attaques et actions :

- Talent : Armure or
- Attaque : Broie-os
- Charge Âmultime : Adieu flamboyant
- Technique : Foudre
- Envoûtement : Énergie or

CASTELIUS MAX

079

COSTAUDS

RARE !

Être envoûté par ce Yo-kai extrêmement rare te fera dépasser les notions même de victoire et de défaite.

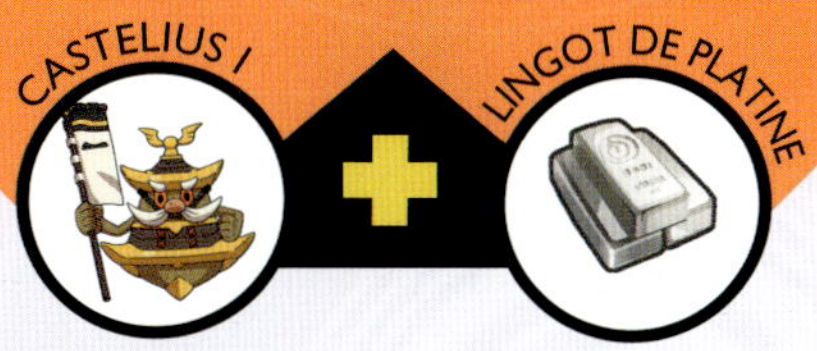

Type : Défense

Plat préféré : Lait

Attaques et actions :

- Talent : Armure platine
- Attaque : Broie-os
- Charge Âmultime : Garde de platine
- Technique : Tornade
- Envoûtement : Énergie platine

ROBONYAN

080

COSTAUDS

RARE !

Ce robot se prend pour le vrai Jibanyan (il y croit dur comme fer !). Si ce n'est la façon de bouger, leur ressemblance ne t'aura pas é-chat-per. Miaou !

Type : Soutien

Plat préféré : Fruits de mer

Attaques et actions :

- Talent : Rempart
- Attaque : Poing rocket
- Charge Âmultime : Miaude défense
- Technique : Gel
- Envoûtement : Force acier

ORONYAN

081

COSTAUDS

RARE !

Oronyan est chatoyant de perfection ! Miaou, miaou ! Un Yo-kai inestimable.

Attaques et actions :

- Talent : Armure or
- Attaque : Poing rocket
- Charge Âmultime : Transmiaoutation
- Technique : Décharge
- Envoûtement : Force dorée

Type : Défense

Plat préféré : Fruits de mer

MISTERRE

082

COSTAUDS

Les contes de fées racontent que l'impressionnant Misterre construirait des montagnes et creuserait des lacs.

Attaques et actions :

- Talent : Parafoudre
- Attaque : Aplatissement
- Charge Âmultime : Destruction totale
- Technique : Galet
- Envoûtement : Soin terrestre

Type : Défense

Plat préféré : Légumes

RESSAK

083

COSTAUDS

RARE !

Ce Yo-kai au cœur aussi grand que l'océan pourrait bien être l'incarnation de la mer elle-même.

Attaques et actions :

- Talent : Dernière prière
- Attaque : Aplatissement
- Charge Âmultime : Garde de l'océan
- Technique : Torrent
- Envoûtement : Énergie marine

Type : Défense

Plat préféré : Légumes

SQUARLETT

084

MIGNONS

Squarlett adore porter des tenues voyantes. Si elle t'envoûte, tu commenceras à aimer ce style, toi aussi !

Attaques et actions :

- Talent : Ténacité
- Attaque : Point perçante
- Charge Âmultime : Surin pimpant
- Technique : Feu
- Envoûtement : Relooking

Type : Technique

Plat préféré : Hamburger

MARGOTH

085

Bien qu'elle affiche un air calme, vêtue de sa robe gothique, Margoth explosera de rage si tu te moques de son style.

Attaques et actions :

- Talent : Ténacité
- Attaque : Rafale de coups
- Charge Âmultime : Belle ombrelle
- Technique : Incendie
- Envoûtement : Générosité

Type : Technique

Plat préféré : Hamburger

SQUELÈBELLE

086

RARE !

Squelèbelle est tellement convaincue de la beauté de ses os, qu'elle dit à qui veut l'entendre, qu'elle n'a pas besoin de peau.

Attaques et actions :

- Talent : Ténacité
- Attaque : Piques aiguisées
- Charge Âmultime : Pluie diluvienne
- Technique : Rapides
- Envoûtement : Générosité

Type : Technique

Plat préféré : Hamburger

CIGALOPIN

087

MIGNONS

Cigalopin dit pratiquer le « ninjutsu cigale », mais cette discipline n'existe pas vraiment. Au mieux, il s'agit d'une technique de fuite, qu'il maîtrise parfaitement.

Type : Attaque

Plat préféré : Jus

Attaques et actions :

- Talent : Modestie
- Attaque : Coupe-part
- Charge Âmultime : Coupe de cigale
- Technique : Tourbillon
- Envoûtement : Ninjutsu cigale

CIGAILLARD

088

MIGNONS

Cigalopin a hissé le « ninjutsu cigale » à son maximum. Résultat : Cigaillard prétend que cette pratique est un art martial à part entière !

Type : Attaque

Plat préféré : Jus

Attaques et actions :

- Talent : Modestie
- Attaque : Double coupure
- Charge Âmultime : Vitesse éclair
- Technique : Tornade
- Envoûtement : Ninjutsu cigale

CIGAZOUILLE

089

RARE !

MIGNONS

Sa complète maîtrise du « ninjutsu cigale » lui fait pousser la chansonnette pendant les combats. Ses batailles attirent même parfois des fans de musique !

Attaques et actions :

- Talent : Œil de lynx
- Attaque : Double coupure
- Charge Âmultime : Vitesse du ninja
- Technique : Incendie
- Envoûtement : Ninjutsu radical

Type : Technique

Plat préféré : Jus

CHIHUAGLAGLA

090

MIGNONS

Chihuaglagla a toujours froid. Ceux qu'il envoûte portent plusieurs couches de vêtements en plein été.

Attaques et actions :

- Talent : Intrusion
- Attaque : Morsure
- Charge Âmultime : Stalacattaque
- Technique : Gel
- Envoûtement : Trop froid

Type : Sabotage

Plat préféré : Ramen

FROAHUAHUA

091

MIGNONS

Des légendes racontent que Froahuahua aurait sauvé des personnes perdues dans les montagnes enneigées. Certains le considèrent comme une divinité.

Attaques et actions :

- Talent : Intrusion
- Attaque : Ventilateur
- Charge Âmultime : Froid polaire
- Technique : Blizzard
- Envoûtement : Glagla

Type : Technique

Plat préféré : Ramen

CHO-CHO

092

MIGNONS

RARE !

Son corps et son cœur brûlant lui donnent trop chaud. Se tenir à ses côtés est comme être près d'un radiateur.

Attaques et actions :

- Talent : Pare-feu
- Attaque : Ventilateur
- Charge Âmultime : Canicule
- Technique : Brasier
- Envoûtement : Cœur brûlant

Type : Technique

Plat préféré : Ramen

JIBANYAN

093

MIGNONS

Après s'être fait renverser par un camion quand il était un chat, Jibanyan hante les carrefours pour essayer de prendre sa revanche.

Attaques et actions :

- Talent : Adrénaline
- Attaque : Griffes acérées
- Charge Âmultime : Fureur du chaton
- Technique : Feu
- Envoûtement : Ralentissement

Type : Attaque

Plat préféré : Fruits de mer

ÉPINYAN

094

MIGNONS

Jibanyan est fier de son nouveau corps hérissé d'épines. Mieux vaut éviter de lui marcher dessus pieds nus !

Attaques et actions :

- Talent : Garde pointue
- Attaque : Ventilateur
- Charge Âmultime : Piquador
- Technique : Tornade
- Envoûtement : Pique épine

Type : Attaque

Plat préféré : Fruits de mer

BANDINYAN

095

Jibanyan se rebelle ! Avec sa belle coupe banane et sa double queue stylée, Bandinyan est un délinquant sans réel but.

Type : Attaque

Plat préféré : Fruits de mer

Attaques et actions :

- Talent : Banane
- Attaque : Vilain coup
- Charge Âmultime : Entourloupe
- Technique : Feu
- Envoûtement : Délinquance

KAPPACAP

096

Si la plupart des kappas aiment rester dans l'eau, Kappacap, lui, préfère marcher sur la terre ferme. Il verse de l'eau sur sa tête pour compenser !

Type : Technique

Plat préféré : Légumes

Attaques et actions :

- Talent : Flâneur pro
- Attaque : Coup de poing
- Charge Âmultime : Méga-cascade
- Technique : Rapides
- Envoûtement : Petit somme

APPAK

097

MIGNONS

Appak peut quasiment tout trancher avec sa lame d'eau. Il parcourt le monde dans le but d'améliorer ses capacités.

Attaques et actions :

- Talent : Intrusion
- Attaque : Double coupure
- Charge Âmultime : Torrentaille
- Technique : Cascade
- Envoûtement : Force torrentielle

Type : Technique

Plat préféré : Légumes

KAPPALOHA

098

MIGNONS

RARE !

Alors que la majorité des kappas restent sagement dans les rivières, Kappaloha a une préférence... pour le surf. Il en profite pour courtiser les filles !

Attaques et actions :

- Talent : Intrusion
- Attaque : Double coupure
- Charge Âmultime : Lame de fond
- Technique : Cascade
- Envoûtement : Force du surf

Type : Attaque

Plat préféré : Légumes

KOMASAN

099

MIGNONS

Ce gardien chien-lion s'est lassé du temple qu'il protégeait : il en cherche un nouveau depuis.

Type : Technique

Plat préféré : Lait

Attaques et actions :

- Talent : Alpha
- Attaque : Coup de poing
- Charge Âmultime : Valse des esprits
- Technique : Incendie
- Envoûtement : Brûlure

KOMAOUS

100

MIGNONS

Les voyages de Komasan l'ont fait devenir un Yo-kai courageux et sur lequel on peut compter. Et, bien sûr, il est aussi très fort !

Type : Technique

Plat préféré : Lait

Attaques et actions :

- Talent : Alpha
- Attaque : Poing puissant
- Charge Âmultime : Rafale d'esprits
- Technique : Brasier
- Envoûtement : Brûlure

KOMAJIRO

101

MIGNONS

Le jeune jumeau de Komasan est à la recherche de son frère en fuite, mais il n'arrive pas à le trouver. Pauvre petit !

Type : Technique

Plat préféré : Lait

Attaques et actions :

- Talent : Oméga
- Attaque : Coup de poing
- Charge Âmultime : Fulguration
- Technique : Foudre
- Envoûtement : Force du tigre

KOMISTIGRI

102

MIGNONS

À force de chercher son frère, Komajiro a développé son côté féroce et est devenu Komistigri, rayures incluses !

Type : Technique

Plat préféré : Lait

Attaques et actions :

- Talent : Oméga
- Attaque : Poing précis
- Charge Âmultime : Fulminator
- Technique : Haute tension
- Envoûtement : Force du tigre

BAKU

103

MIGNONS

Baku se nourrit des rêves des humains, qu'elle endort avant de se régaler. Fais de beaux rêves !

Attaques et actions :

- Talent : Emprise
- Attaque : Gifle
- Charge Âmultime : Soporifumée
- Technique : Vortex
- Envoûtement : Bonne nuit

Type : Technique

Plat préféré : Jus

TAPUR

104

MIGNONS

RARE !

Un Baku blanc très rare. Une légende raconte que si Tapur t'envoûte, tu es sûr de bien dormir.

Attaques et actions :

- Talent : Gros lot
- Attaque : Gifle
- Charge Âmultime : Rêve éveillé
- Technique : Vortex
- Envoûtement : Beaux rêves

Type : Technique

Plat préféré : Jus

PITOU

105

Ce Yo-kai est si mignon qu'il fait fondre le cœur de n'importe qui, et il le sait ! Pitou peut jouer des tours, donc fais bien attention !

MIGNONS

Type : Guérison

Plat préféré : Hamburger

Attaques et actions :

- Talent : Sympathie
- Attaque : Morsure
- Charge Âmultime : Corde sensible
- Technique : Restauration
- Envoûtement : Cœur chaviré

CHOUBIDOU

106

Choubidou est connu pour être l'Aristocrate de l'amour ! Il utilise son charme désarmant pour gagner des admirateurs.

MIGNONS

Type : Guérison

Plat préféré : Hamburger

Attaques et actions :

- Talent : Sympathie
- Attaque : Méga-frappe
- Charge Âmultime : Mon petit cœur
- Technique : Paradis
- Envoûtement : Cœur chaviré

SATANDRE

107

MIGNONS

RARE !

À cause de lui, même les personnes les plus douces deviennent d'horribles manipulateurs. Satandre représente le côté obscur de Choubidou.

Attaques et actions :

- Talent : Antipathie
- Attaque : Méga-frappe
- Charge Âmultime : Amour vache
- Technique : Récolte
- Envoûtement : Tromperie

Type : Technique

Plat préféré : Hamburger

ANGÉLIK

108

MIGNONS

Angélik a le pouvoir de tout geler, mais elle a toujours froid car elle ne le maîtrise pas vraiment.

Attaques et actions :

- Talent : Jeu de glace
- Attaque : Gifle
- Charge Âmultime : Giboulée glacée
- Technique : Blizzard
- Envoûtement : Paralygel

Type : Technique

Plat préféré : Bonbons

BLIZZARIA

109

MIGNONS

Depuis qu'elle maîtrise pleinement ses pouvoirs, Blizzaria est capable de faire tomber la neige en été et de geler les volcans.

Attaques et actions :

- Talent : Jeu de glace
- Attaque : Volée
- Charge Âmultime : Congère luisante
- Technique : Blizzard
- Envoûtement : Paralygel

Type : Technique

Plat préféré : Bonbons

DAMONA

110

MIGNONS

RARE !

Damona est la princesse d'une petite région du monde des ténèbres. Ses pouvoirs sont impressionnants, mais elle ne ressent aucune émotion.

Attaques et actions :

- Talent : Peau maudite
- Attaque : Volée
- Charge Âmultime : Chaos éclatant
- Technique : Blizzard
- Envoûtement : Sombre sort

Type : Sabotage

Plat préféré : Bonbons

NORIPOP

111

BIENVEILLANTS

Ce Yo-kai algue veut populariser la danse de sa ville natale dans le monde entier. Et il est aussi très en forme !

Attaques et actions :

- Talent : Corps vif
- Attaque : Gifle
- Charge Âmultime : Air entraînant
- Technique : Guérison
- Envoûtement : Wakame de santé

Type : Guérison

Plat préféré : Ramen

WAKAPOEIRA

112

BIENVEILLANTS

Wakapoeira est l'un des rivaux de Noripop. Selon lui, le kombu est la meilleure algue du monde... si cela intéresse quelqu'un, bien sûr.

Attaques et actions :

- Talent : Corps vif
- Attaque : Gifle
- Charge Âmultime : Sublime samba
- Technique : Guérison
- Envoûtement : Élixir de kombu

Type : Guérison

Plat préféré : Ramen

SALSALGA

113

BIENVEILLANTS

Voici la seule fille du trio d'algues. Noripop et Wakapoeiro l'apprécient vraiment beaucoup, mais Salsalga ne semble pas le remarquer.

Attaques et actions :

- Talent : Corps vif
- Attaque : Gifle
- Charge Âmultime : Salsa vivifiante
- Technique : Restauration
- Envoûtement : Mekabu glissant

Type : Guérison

Plat préféré : Ramen

AMOIZ

114

BIENVEILLANTS

Amoiz aimerait avoir tout ce que les autres possèdent, mais il n'essaiera même pas de mettre la main dessus. Donc, aucun souci à se faire de ce côté-là !

Attaques et actions :

- Talent : Avidité
- Attaque : Gifle
- Charge Âmultime : Main envieuse
- Technique : Décharge
- Envoûtement : Convoitise

Type : Attaque

Plat préféré : Ramen

PIKOR

115

BIENVEILLANTS

Si tu ne peux t'empêcher de grignoter avant le repas, c'est que Pikor est sûrement dans les parages !

Attaques et actions :

- Talent : Canaille
- Attaque : Volée
- Charge Âmultime : Pique-assiette
- Technique : Éboulement
- Envoûtement : Gourmandise

Type : Attaque

Plat préféré : Ramen

GRANPAPÉTI

116

BIENVEILLANTS

Ce Yo-kai toujours affamé fait gronder les estomacs de ceux qu'il envoûte. D'ailleurs, c'est à peu près tout ce qu'il sait faire…

Attaques et actions :

- Talent : Fringale
- Attaque : Coup de boule
- Charge Âmultime : Choc onigirique
- Technique : Guérison
- Envoûtement : Faim

Type : Guérison

Plat préféré : Boulettes de riz

PUISSANFON

117

BIENVEILLANTS

Cet insatiable glouton mange tout ce qui se présente à lui. Sa bouche est tel un trou noir dont rien ne peut s'échapper.

Attaques et actions :

- Talent : Fringale
- Attaque : Mâchouille
- Charge Âmultime : Plein la panse
- Technique : Absorption
- Envoûtement : Faim

Type : Attaque

Plat préféré : Boulettes de riz

GRAINPÈRE

118

BIENVEILLANTS

RARE !

Ce Yo-kai est un Granpapéti avec un corps fait de riz. Il est si gentil qu'il en donnerait un morceau à quelqu'un d'affamé.

Attaques et actions :

- Talent : Dernière prière
- Attaque : Coup de boule
- Charge Âmultime : En-cas de besoin
- Technique : Guérison
- Envoûtement : Riz gentil

Type : Guérison

Plat préféré : Boulettes de riz

NOMONÉ

119

Tu perds souvent ton argent ou on ne te rend pas correctement la monnaie ? Tu peux compter sur Nomoné... pour en être le responsable !

Type : Technique

Plat préféré : Lait

Attaques et actions :

- Talent : Butin
- Attaque : Coup de pied
- Charge Âmultime : Razzia
- Technique : Tourbillon
- Envoûtement : Pauvreté

NOPROBLEMO

120

Cet éternel optimiste ne s'inquiète jamais de rien. Être envoûté par lui pourrait se révéler pire que tu ne le crois.

Type : Technique

Plat préféré : Lait

Attaques et actions :

- Talent : Bienfaiteur
- Attaque : Coup retourné
- Charge Âmultime : Nananère
- Technique : Torrent
- Envoûtement : Optimisme

PAPILTATION

121

BIENVEILLANTS

Ce Yo-kai papillon mène ceux qu'il envoûte au sommet de leur forme. Il est souvent confondu avec Papiltension.

Type : Guérison

Plat préféré : Jus

Attaques et actions :

- Talent : Écailles miracle
- Attaque : Gifle
- Charge Âmultime : Brise revigorante
- Technique : Guérison
- Envoûtement : Stimulation

PAPILTENSION

122

BIENVEILLANTS

Papiltension entraîne ceux qu'il envoûte à rompre leurs amitiés. Il est souvent confondu avec Papiltation.

Type : Technique

Plat préféré : Jus

Attaques et actions :

- Talent : Écailles miracle
- Attaque : Gifle
- Charge Âmultime : Aura hostile
- Technique : Absorption
- Envoûtement : Trahison forcée

HYPRAPILLON

123

BIENVEILLANTS

Les gens qui sont envoûtés par Hyprapillon développeront un potentiel qu'ils n'auraient pu imaginer. Tout le monde veut ce Yo-kai !

Type : Guérison

Plat préféré : Jus

Attaques et actions :

- Talent : Écailles miracle
- Attaque : Volée
- Charge Âmultime : Remise en forme
- Technique : Paradis
- Envoûtement : Bien-être

VITAPILLON

124

BIENVEILLANTS

RARE !

Ce Yo-kai papillon possède des ailes féeriques. Respirer son parfum augmentera ton niveau d'enthousiasme à son maximum.

Type : Guérison

Plat préféré : Jus

Attaques et actions :

- Talent : Écailles miracle
- Attaque : Volée
- Charge Âmultime : Remède miracle
- Technique : Paradis
- Envoûtement : La vie est belle

JOJOJOYEUX

125

BIENVEILLANTS

Ce Yo-kai au cœur tendre dissipe toute tension qui pourrait peser dans l'air. Il est même capable de redonner le sourire à une personne très en colère.

Attaques et actions :

- Talent : Traitement
- Attaque : Plaquage absolu
- Charge Âmultime : Ondes jojoviales
- Technique : Restauration
- Envoûtement : Gaîté

Type : Guérison

Plat préféré : Pain

PARADOXA

126

BIENVEILLANTS

Paradoxa change d'humeur sans prévenir : un instant, elle est heureuse, l'instant d'après elle est triste. Négocier avec elle peut être plus difficile qu'avec Lulugubre.

Attaques et actions :

- Talent : Appréhension
- Attaque : Plaquage
- Charge Âmultime : Aura Hourra
- Technique : Paradis
- Envoûtement : Insécurité

Type : Guérison

Plat préféré : Pain

POTAUMOROSE

127

BIENVEILLANTS

RARE !

Potaumorose ressemble beaucoup à Paradoxa, mais on ne la voit pas souvent. On ne peut pas en dire autant de la déprime qu'elle traîne avec elle.

Attaques et actions :

- Talent : Appréhension
- Attaque : Plaquage
- Charge Âmultime : Douce folie
- Technique : Ouragan
- Envoûtement : Insécurité

Type : Technique

Plat préféré : Pain

RATATAM

128

BIENVEILLANTS

Réfléchis bien et choisis l'un des trois cadeaux : le moins bien, l'exceptionnel ou... entre les deux. Attention ! Ratatam s'enfuira si tu lui demandes les trois !

Attaques et actions :

- Talent : Traitement
- Attaque : Tour complet
- Charge Âmultime : Amstramgram
- Technique : Restauration
- Envoûtement : Générosité

Type : Guérison

Plat préféré : Lait

SUPERNOËL

129

BIENVEILLANTS

Voici un autre vieil homme portant des sacs pleins de cadeaux. Contrairement à Ratatam, ces derniers sont tous extraordinaire !

Attaques et actions :

- Talent : Intrusion
- Attaque : Tour complet
- Charge Âmultime : Super hotte
- Technique : Foudre
- Envoûtement : Générosité

Type : Technique

Plat préféré : Lait

DÉDÉ

130

BIENVEILLANTS

Tout ce que Dédé fait est déterminé par le résultat donné par les dés qui lui servent d'yeux. Ils modifient également sa personnalité.

Attaques et actions :

- Talent : Quitte ou double
- Attaque : Brise-terre
- Charge Âmultime : Coup du sort
- Technique : Rapides
- Envoûtement : Sourire chanceux

Type : Technique

Plat préféré : Bonbons

DÉDESTIN

131

BIENVEILLANTS

Si Dédestin t'envoûte, il t'entraînera vers un futur incertain. Même lui ne sait pas s'il sera bon ou mauvais.

Attaques et actions :

- Talent : Quitte ou double
- Attaque : Brise-terre
- Charge Âmultime : Poids du destin
- Technique : Cascade
- Envoûtement : Chance divine

Type : Technique

Plat préféré : Bonbons

TONTONERRE

132

BIENVEILLANTS

Peu importe à quel point tu es paresseux, tu travailleras vite et bien sous la surveillance de Tontonerre. Son regard est terrifiant !

Attaques et actions :

- Talent : Rigueur
- Attaque : Poing précis
- Charge Âmultime : Dispute familiale
- Technique : Foudre
- Envoûtement : Soutien paternel

Type : Technique

Plat préféré : Viande

OMNITONTON

133

BIENVEILLANTS

RARE !

Même Tontonerre a peur du pouvoir d'Omnitonton. Ce dernier peut jeter une table à des kilomètres !

Attaques et actions :

- Talent : Intimidation
- Attaque : Poing précis
- Charge Âmultime : Retourne-table
- Technique : Haute tension
- Envoûtement : Cri de l'oncle

Type : Technique

Plat préféré : Viande

TATA AURA

134

BIENVEILLANTS

Parfois stricte, parfois gentille, Tata Aura enveloppe les Yo-kai de son aura chaleureuse. Aucun ne peut la défier.

Attaques et actions :

- Talent : Bénédiction
- Attaque : Volée
- Charge Âmultime : Liens familiaux
- Technique : Paradis
- Envoûtement : Amour maternel

Type : Guérison

Plat préféré : Légumes

TATA CÂLIN

135

RARE !

Peu importe l'état d'un Yo-kai, il sera guéri si Tata Câlin le prend dans ses bras. La gentillesse dans toute sa splendeur !

Attaques et actions :

- Talent : Bénédiction
- Attaque : Volée
- Charge Âmultime : Gentille tata
- Technique : Paradis
- Envoûtement : Un amour de tata

Type : Guérison

Plat préféré : Légumes

ÉGARONI

136

Ce Yo-kai interpelle les gens avec sa grande main et les rend tout confus. C'est sa faute quand un enfant se perd.

Attaques et actions :

- Talent : Coupe-vent
- Attaque : Gifle
- Charge Âmultime : Suivez-moi !
- Technique : Grêle
- Envoûtement : Cible

Type : Attaque

Plat préféré : Bonbons

ONISOI

137

SOMBRES

Les personnes envoûtées par Onisoi reçoivent un meilleur traitement que les autres. Hé ! C'est pas juste !

Type : Technique

Plat préféré : Bonbons

Attaques et actions :

- Talent : Coupe-vent
- Attaque : Gifle
- Charge Âmultime : Rien que pour toi
- Technique : Absorption
- Envoûtement : Favoritisme

TORTICO

138

SOMBRES

Ce Yo-kai impétueux tape les gens sur l'épaule. Résultat : des courbatures, rien de plus !

Type : Sabotage

Plat préféré : Bonbons

Attaques et actions :

- Talent : Instant critique
- Attaque : Coup de pied
- Charge Âmultime : Écras'épaule
- Technique : Galet
- Envoûtement : Mal à l'épaule

TENDINO

139

SOMBRES

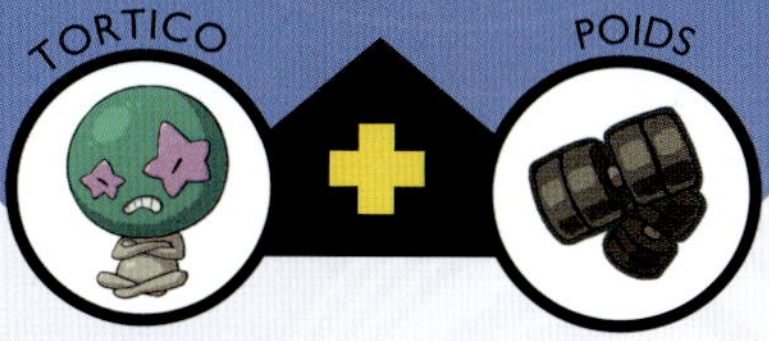

Type : Sabotage

Plat préféré : Bonbons

En usant de sa force herculéenne, Tendino va faire comprendre à tes épaules le sens du mot « douleur ». Il adore soulever de la fonte.

Attaques et actions :

- Talent : Instant critique
- Attaque : Poing puissant
- Charge Âmultime : Clé de bras
- Technique : Éboulement
- Envoûtement : Mal à l'épaule

CONTRACTO

140

SOMBRES

Type : Attaque

Plat préféré : Bonbons

RARE !

Cet horrible Yo-kai donne aux gens un mal de dos tout aussi horrible ! Plus ils sont âgés, plus ça fait mal !

Attaques et actions :

- Talent : Instant critique
- Attaque : Poing puissant
- Charge Âmultime : Plein le dos
- Technique : Météore
- Envoûtement : Mal de dos

NIHILISTIK

141

SOMBRES

Nihilistik aspire la négativité avec son nez en forme d'aiguille, puis la propage.

Type : Sabotage

Plat préféré : Jus

Attaques et actions :

- Talent : Vampirisation
- Attaque : Pointe perçante
- Charge Âmultime : Pessimicrobes
- Technique : Absorption
- Envoûtement : Négativité

ÉMOUSSTIK

142

SOMBRES

Ce sinistre Yo-kai peut t'entraîner dans les tréfonds du désespoir. Aucune chance d'être heureux s'il est dans les parages !

Type : Sabotage

Plat préféré : Jus

Attaques et actions :

- Talent : Vampirisation
- Attaque : Percée critique
- Charge Âmultime : Pense à mal
- Technique : Vortex
- Envoûtement : Négativité

GRATTOPTÈRE

143

SOMBRES

RARE !

À cause de lui, tout ton corps te démangera. Qu'importe à quel point tu te grattes, cela ne s'arrêtera pas.

Attaques et actions :

- Talent : Vampirisation
- Attaque : Percée critique
- Charge Âmultime : Grattocalypse
- Technique : Haute tension
- Envoûtement : Grattouille

Type : Sabotage

Plat préféré : Jus

MARCOGNITO

144

SOMBRES

Si tu es envoûté par Marcognito, on ne s'apercevra plus de ta présence. Il se sert de cette technique quand il travaille en tant que ninja.

Attaques et actions :

- Talent : Invisibilité
- Attaque : Coupe-part
- Charge Âmultime : Tu m'as vu ?
- Technique : Tourbillon
- Envoûtement : Disparition

Type : Attaque

Plat préféré : Boulettes de riz

NINJAMÉVU

145

SOMBRES

La discrétion de Ninjamévu fait de lui un très bon espion, malheureusement il n'a jamais été reconnu pour son travail.

Attaques et actions :

- Talent : Invisibilité
- Attaque : Shuriken
- Charge Âmultime : Dispute familiale
- Technique : Tornade
- Envoûtement : Disparition

Type : Attaque

Plat préféré : Boulettes de riz

NIHILO

146

SOMBRES

Il est impossible de savoir que Nihilo est présent, même quand il est tout à côté. Il s'amuse très bien tout seul.

Attaques et actions :

- Talent : Invisibilité
- Attaque : Shuriken
- Charge Âmultime : Retourne-table
- Technique : Ouragan
- Envoûtement : Absence

Type : Attaque

Plat préféré : Boulettes de riz

CHAUVEKIPEUT

147

SOMBRES

Chauvekipeut peut te rendre casanier à l'extrême, au point que tu n'auras plus envie de sortir de chez toi. Son envoûtement est très efficace sur les citadins.

Attaques et actions :

- Talent : Vampirisation
- Attaque : Gifle
- Charge Âmultime : Chau'complainte
- Technique : Tornade
- Envoûtement : Enfermé

Type : Sabotage

Plat préféré : Viande

CHAUV'COUCOU

148

SOMBRES

Chauvekipeut est resté si longtemps enfermé dans sa maison qu'il a fusionné avec elle. Maintenant, c'est sûr, il ne pourra plus jamais en sortir !

Attaques et actions :

- Talent : Vampirisation
- Attaque : Plaquage
- Charge Âmultime : Chant de coucou
- Technique : Tornade
- Envoûtement : Enfermé

Type : Sabotage

Plat préféré : Viande

VAMPILOC

149

SOMBRES

RARE !

Ce Chauv'coucou rare change de maison une fois par an. Si tu es chanceux, tu le verras peut-être déménager.

Type : Sabotage

Plat préféré : Viande

Attaques et actions :

- Talent : Vampirisation
- Attaque : Plaquage
- Charge Âmultime : Blues du départ
- Technique : Ouragan
- Envoûtement : Enfermé

SUSPICIONI

150

SOMBRES

Cet oni doute de tout. On le voit souvent en compagnie d'autres oni, mais il ne leur fai jamais confiance.

Type : Sabotage

Plat préféré : Cuisine chinoise

Attaques et actions :

- Talent : Suspicion
- Attaque : Percée critique
- Charge Âmultime : Œil suspicieux
- Technique : Torrent
- Envoûtement : Méfiance

RAGIONI

151

SOMBRES

Ragioni piquera une colère dès que les choses n'iront pas dans son sens... Mieux vaut ne pas insister.

Type : Attaque

Plat préféré : Cuisine chinoise

Attaques et actions :

- Talent : Suspicion
- Attaque : Percée critique
- Charge Âmultime : Crise de nerfs
- Technique : Feu
- Envoûtement : Gaminerie

CONTRARIONI

152

SOMBRES

Les personnes envoûtées par Contrarioni refusent tout en bloc et sont toujours en désaccord avec ce que disent les autres. Avec lui, les fêtes... sont moins festives !

Type : Technique

Plat préféré : Cuisine chinoise

Attaques et actions :

- Talent : Suspicion
- Attaque : Percée critique
- Charge Âmultime : Vent contraire
- Technique : Foudre
- Envoûtement : Opposition

TENGUBRE

153

SOMBRES

Ce tengu maussade passe son temps le bec plongé dans ses livres. Son pessimisme a attiré de nombreux Yo-kai, qui sont devenus ses fans.

Attaques et actions :

- Talent : Coupe-vent
- Attaque : Coup retourné
- Charge Âmultime : Orage démoniaque
- Technique : Tornade
- Envoûtement : Pessimisme

Type : Technique

Plat préféré : Légumes

BIBLIOTENGU

154

SOMBRES

Ce Yo-kai, devenu un véritable rat de bibliothèque depuis qu'il est dans le monde des humains, a horreur du bruit. Il punira quiconque en fait trop. Chuuut !

Attaques et actions :

- Talent : Sphère finale
- Attaque : Coup retourné
- Charge Âmultime : Tornade infernale
- Technique : Ouragan
- Envoûtement : Sort du Styx

Type : Technique

Plat préféré : Légumes

NIMPÉGASE

155

Nimpégase te donnera envie de faire des farces qui te mettront dans l'embarras. Plus sont elles sont grosses, mieux c'est !

Attaques et actions :

- Talent : Ténacité
- Attaque : Mâchouille
- Charge Âmultime : Choc imprévu
- Technique : Tornade
- Envoûtement : Onde Nimpégase

Type : Soutien

Plat préféré : Légumes

HENNIMI

156

RARE !

Brillant mystérieusement dans la nuit, Hennemi est une vraie énigme. Mais qui est-il vraiment ?

Attaques et actions :

- Talent : Peau maudite
- Attaque : Mâchouille
- Charge Âmultime : Étalon noir
- Technique : Vortex
- Envoûtement : Sort d'Hennimi

Type : Sabotage

Plat préféré : Légumes

TIMIDÉMON

157

Ce diablotin nerveux est si peureux qu'il a peur d'user de ses propres pouvoirs. Si seulement il se détendait ! Il serait alors invincible !

Attaques et actions :

- Talent : Frousse
- Attaque : Rafale de coups
- Charge Âmultime : Abracadabrak
- Technique : Incendie
- Envoûtement : Poule mouillée

Type : Technique

Plat préféré : Ramen

BELZEL

158

Timidémon a enfin vaincu sa peur : il est devenu surpuissant, même s'il a encore ses petits moments de stress.

Attaques et actions :

- Talent : Intimidation
- Attaque : Rafale de coups
- Charge Âmultime : Vil sortilège
- Technique : Brasier
- Envoûtement : Poule mouillée

Type : Technique

Plat préféré : Ramen

DENTE

159

SOMBRES

RARE !

Ce terrifiant Yo-kai s'attaque aux dents ! Il adore entendre les enfants pleurer parce qu'ils ont des caries. Quel cruel personnage !

Attaques et actions :

- Talent : Instant critique
- Attaque : Rafale de coups
- Charge Âmultime : Abracaries
- Technique : Brasier
- Envoûtement : Carie

Type : Technique

Plat préféré : Ramen

VÉNALDO

160

SOMBRES

Ce Yo-kai cupide et puissant veut mettre la main sur la richesse du monde. Il est capable de tout pour un peu d'argent.

Attaques et actions :

- Talent : À moi
- Attaque : Cogneur
- Charge Âmultime : Sinistre avarice
- Technique : Incendie
- Envoûtement : Avarice

Type : Sabotage

Plat préféré : Viande

MALTESSE

161

SOMBRES

RARE !

Cet aristocrate du mal est prêt à tout du moment que c'est méchant. Il mérite bien son nom.

Type : Sabotage

Plat préféré : Viande

Attaques et actions :

- Talent : Noirceur totale
- Attaque : Cogneur
- Charge Âmultime : Noirsort
- Technique : Rapides
- Envoûtement : Énergie sombre

MALMIDAL

162

SINISTRES

À cause de Malmidal, tu auras la gorge irritée et tu seras malade. Essaie de lui résister pour rester en bonne santé !

Type : Sabotage

Plat préféré : Pain

Attaques et actions :

- Talent : Garde pointue
- Attaque : Pointe perçante
- Charge Âmultime : Picoti Picota
- Technique : Torrent
- Envoûtement : Gorge irritée

ÉCCHINOSE

163

SINISTRES

Écchinose est exactement comme Malmidal, mais ne le lui dis pas ! Il le déteste !

Type : Sabotage

Plat préféré : Pain

Attaques et actions :

- Talent : Garde pointue
- Attaque : Pointe perçante
- Charge Âmultime : Bombe à pic
- Technique : Gel
- Envoûtement : Mal de tête

CHIPERPIOU

164

SINISTRES

Dès que Chiperpiou pose les yeux sur toi, tu commences à avoir envie de piquer les affaires des autres.

Type : Technique

Plat préféré : Hamburger

Attaques et actions :

- Talent : Peau brillante
- Attaque : Écrasement
- Charge Âmultime : Pique-vie
- Technique : Absorption
- Envoûtement : Vol

PIOUBIDOU

165

SINISTRES

Ce drôle de Yo-kai est plutôt doué en danse du ventre. Le motif que de ses plumes sur son estomac ressemble au visage d'un vieil homme.

Attaques et actions :

- Talent : Peau brillante
- Attaque : Écrasement
- Charge Âmultime : Ventre-à-terre
- Technique : Vortex
- Envoûtement : Danse du ventre

Type : Sabotage

Plat préféré : Hamburger

FLAMENTE

166

SINISTRES

Ce Yo-kai oiseau a constamment le cafard. Ceux que Flamente envoûte sont déprimés et très distraits.

Attaques et actions :

- Talent : Jeu de vent
- Attaque : Pointe perçante
- Charge Âmultime : Flamentation
- Technique : Tourbillon
- Envoûtement : Déprime

Type : Sabotage

Plat préféré : Pain

VOLIBRIUS

167

SINISTRES

Volibrius peut rendre la personne la plus cool de la planète démodée et maladroite. Il déteste avoir aussi peu de style.

Attaques et actions :

- Talent : Jeu de vent
- Attaque : Pointe perçante
- Charge Âmultime : Bonnet de nuit
- Technique : Tornade
- Envoûtement : Faux pas

Type : Sabotage

Plat préféré : Pain

VOLATRISTE

168

SINISTRES

RARE !

Si ton regard croise celui de Volatriste, fuis ! Il peut t'entraîner dans les profondeurs les plus sombres du désespoir.

Attaques et actions :

- Talent : Intrusion
- Attaque : Pointe perçante
- Charge Âmultime : Super spleen
- Technique : Tornade
- Envoûtement : Désespoir

Type : Sabotage

Plat préféré : Pain

CORNIOT

169

SINISTRES

Ce caniche à tête humaine adore faire peur aux gens qui ont peur des caniches à tête humaine… Corniot rêve de devenir chef d'entreprise.

Attaques et actions :

- Talent : Paradis cynophile
- Attaque : Mâchouille
- Charge Âmultime : Grand caninvore
- Technique : Feu
- Envoûtement : Confusion

Type : Sabotage

Plat préféré : Cuisine chinoise

BICORNIOT

170

SINISTRES

Personne n'a envie de s'approcher de trop près de Bicorniot, car ses deux têtes paraissent aussi méchantes l'une que l'autre. C'est un parfait chien de garde.

Attaques et actions :

- Talent : Paradis cynophile
- Attaque : Mâchouille
- Charge Âmultime : Double caninvore
- Technique : Incendie
- Envoûtement : Confusion

Type : Attaque

Plat préféré : Cuisine chinoise

CERBÉBERT

171

SINISTRES

RARE !

Ce chien de garde d'élite est né et a été élevé dans les ténèbres. Cerbébert ne laisse aucune âme se libérer de son emprise.

Attaques et actions :

- Talent : Paradis cynophile
- Attaque : Mâchouille
- Charge Âmultime : Appel du Styx
- Technique : Météore
- Envoûtement : Maudit par le Styx

Type : Attaque

Plat préféré : Cuisine chinoise

HUMIDON

172

SINISTRES

Humidon investit les endroits très peu ensoleillés pour les rendre humides et tout moisis… Beurk !

DÉLUJIEN

Attaques et actions :

- Talent : Peau hydratée
- Attaque : Plaquage absolu
- Charge Âmultime : Déluge
- Technique : Torrent
- Envoûtement : Peau fripée

Type : Technique

Plat préféré : Jus

DÉLUJIEN

173

SINISTRES

Délujien trimballe des nuages de pluie partout où il va. On le trouve dans les lieux particulièrement humides.

Attaques et actions :

- Talent : Peau hydratée
- Attaque : Plaquage absolu
- Charge Âmultime : Trombes célestes
- Technique : Rapides
- Envoûtement : Peau fripée

Type : Technique

Plat préféré : Jus

FRYZEUR

174

SINISTRES

Si ces Yo-kai givrés se réunissent en nombre, ils peuvent geler tout à des kilomètres à la ronde. Seul, Fryzer peut juste geler un verre d'eau.

Attaques et actions :

- Talent : Peau rigide
- Attaque : Plaquage absolu
- Charge Âmultime : Frisson de glace
- Technique : Grêle
- Envoûtement : Paralygel

Type : Technique

Plat préféré : Jus

KONGEL

175

SINISTRES

Kongel possède un pouvoir de congélation très puissant. Tout ce qu'il touche se recouvre progressivement de glace.

Attaques et actions :

- Talent : Peau rigide
- Attaque : Plaquage absolu
- Charge Âmultime : Grêle céleste
- Technique : Gel
- Envoûtement : Bloc de glace

Type : Technique

Plat préféré : Jus

HÉMORHINO

176

SINISTRES

RARE !

Hémorhino a le pouvoir de faire saigner du nez ceux qu'il envoûte. Il est bien plus terrifiant qu'il en a l'air.

Attaques et actions :

- Talent : Gros lot
- Attaque : Plaquage absolu
- Charge Âmultime : Bourre-pif
- Technique : Incendie
- Envoûtement : Nez saignant

Type : Technique

Plat préféré : Jus

BLABLARA

177

SINISTRES

Blablara parle beaucoup, mais ne fait rien ! Si tu te fais envoûter par elle, il t'arrivera la même chose et tu perdras la confiance de tes amis.

Attaques et actions :

- Talent : Flâneur pro
- Attaque : Morsure
- Charge Âmultime : À pleines dents
- Technique : Décharge
- Envoûtement : Belle parleuse

Type : Technique

Plat préféré : Pain

UMILIE

178

SINISTRES

Si Umilie t'envoûte, elle fera de toi une personne qui critique les autres à la moindre occasion.

Attaques et actions :

- Talent : Flâneur pro
- Attaque : Morsure
- Charge Âmultime : Critique mordante
- Technique : Vortex
- Envoûtement : Plainte

Type : Technique

Plat préféré : Pain

LULUGUBRE

179

Quand Lulugubre est là, l'atmosphère devient lourde et déprimante. Et c'est bien pire quand elle est de mauvaise humeur.

Type : Sabotage

Plat préféré : Pain

Attaques et actions :

- Talent : Peau maudite
- Attaque : Écrasement
- Charge Âmultime : Sinistrose
- Technique : Galet
- Envoûtement : Temps couvert

PÉGAZ

180

Pégaz est incapable de retenir ses flatulences. Une rumeur dit qu'il a aussi très mauvaise haleine. Personne n'a eu le cran de vérifier.

Type : Technique

Plat préféré : Lait

Attaques et actions :

- Talent : Boule de pet
- Attaque : Coup de tête
- Charge Âmultime : Vent mauvais
- Technique : Gel
- Envoûtement : Puanteur

MÉPHITO

181

SINISTRES

Le roi des flatulences ! Prépare-toi à souffrir si tu te retrouves enfermé dans une pièce sans fenêtre avec lui.

Type : Technique

Plat préféré : Lait

Attaques et actions :

- Talent : Flair
- Attaque : Coup de tête
- Charge Âmultime : Gaz toxique
- Technique : Gel
- Envoûtement : Puanteur

MISTERBIDE

182

SINISTRES

Bien que Misterbide cherche à faire rire les gens, ses blagues sont si mauvaises qu'il laisse tout le monde de marbre.

Type : Sabotage

Plat préféré : Cuisine chinoise

Attaques et actions :

- Talent : Ténacité
- Attaque : Méga-frappe
- Charge Âmultime : Blague pourrie
- Technique : Vortex
- Envoûtement : Bide total

FLOPITO

183

SINISTRES

Ses blagues sont les pires qui puissent exister... Pourtant, Flopito se croit drôle à en mourir.

Type : Sabotage

Plat préféré : Cuisine chinoise

Attaques et actions :

- Talent : Ténacité
- Attaque : Méga-frappe
- Charge Âmultime : Bide du siècle
- Technique : Récolte
- Envoûtement : Bide total

CENRIDION

184

SINISTRES

Cenridion déteste la jeunesse et la beauté ! Elle donne des rides aux personnes qu'elle envoûte. D'ailleurs, qui pourrait croire qu'elle était plutôt jolie quand elle était jeune ?

Type : Sabotage

Plat préféré : Lait

Attaques et actions :

- Talent : Vieux os
- Attaque : Frappe
- Charge Âmultime : Terribles rides
- Technique : Absorption
- Envoûtement : Rides

JOUVENCIA

185

SINISTRES

Type : Sabotage

Plat préféré : Lait

Jouvencia conserve sa jeunesse et sa beauté en absorbant celles des autres. Elle est toujours à la recherche de jolies jeunes femmes.

Attaques et actions :

- Talent : Vieux os
- Attaque : Méga-frappe
- Charge Âmultime : Rayon de beauté
- Technique : Récolte
- Envoûtement : Aspire-jeunesse

ÉTERNA

186

SINISTRES

Type : Technique

Plat préféré : Lait

RARE !

On raconte que l'immortalité d'Éterna serait due à son bâton et que sans lui elle vieillirait instantanément.

Attaques et actions :

- Talent : Vieux os
- Attaque : Méga-frappe
- Charge Âmultime : Aspimmortalité
- Technique : Récolte
- Envoûtement : Énergie éternelle

INSOMNELLE

187

SINISTRES

Si tu croises le regard d'Insomnelle, elle ne te laissera pas dormir, sauf si elle finit par s'ennuyer... ou si tu es quasiment mort.

Attaques et actions :

- Talent : Appréhension
- Attaque : Volée
- Charge Âmultime : Éveil éternel
- Technique : Blizzard
- Envoûtement : Insomnie

Type : Sabotage

Plat préféré : Bonbons

MORFÉA

188

SINISTRES

RARE !

Quand Morféa t'envoûte, elle s'invite dans tes rêves pour jouer avec toi. Tu t'amuseras tellement que tu ne voudras plus te réveiller.

Attaques et actions :

- Talent : Emprise
- Attaque : Volée
- Charge Âmultime : Ondes cauchemar
- Technique : Récolte
- Envoûtement : Bonne nuit

Type : Sabotage

Plat préféré : Bonbons

NOKO

189

INSAISISSABLES

Ce Yo-kai serpent plutôt chanceux craint d'être vu par les humains, ce qui arrive souvent puisqu'il n'est vraiment pas doué pour se cacher.

Attaques et actions :

- Talent : Gros lot
- Attaque : Morsure
- Charge Âmultime : Sourire de Noko
- Technique : Éboulement
- Envoûtement : Bonne fortune

Type : Soutien

Plat préféré : Hamburger

NÉNUNOKO

190

INSAISISSABLES

La fleur que Nénunoko porte sur la tête apporte chance et bonheur aux gens. Ce Yo-kai est même idolâtré par certains d'entre eux.

Attaques et actions :

- Talent : Gros lot
- Attaque : Vilaine morsure
- Charge Âmultime : Sourire fétiche
- Technique : Météore
- Envoûtement : Bonne fortune

Type : Soutien

Plat préféré : Hamburger

PANDANOKO

191

INSAISISSABLES

RARE !

Ce Yo-kai errant vient d'un pays lointain. Il est difficile à trouver et il est encore plus difficile de devenir son ami.

Attaques et actions :

- Talent : Aurascope
- Attaque : Vilaine morsure
- Charge Âmultime : Sourire de panda
- Technique : Gel
- Envoûtement : Pandadorable

Type : Soutien

Plat préféré : Hamburger

ANGHIHIHILLE

192

INSAISISSABLES

Ce Yo-kai anguille ne peut s'arrêter de rire… et personne ne sait pourquoi. Qui sait, son sens de l'humour est peut-être défectueux ?

Attaques et actions :

- Talent : Ramphor
- Attaque : Mâchouille
- Charge Âmultime : Zygordonnance
- Technique : Guérison
- Envoûtement : Humeur joueuse

Type : Guérison

Plat préféré : Viande

MÉROUBADOUR

193

INSAISISSABLES

Type : Technique

Plat préféré : Viande

Ce Yo-kai chante une étrange mélodie. Si tu entends un air sortir d'un pot, ne regarde surtout pas à l'intérieur !

Attaques et actions :

- Talent : Ramphor
- Attaque : Mâchouille
- Charge Âmultime : Changuille
- Technique : Absorption
- Envoûtement : Énergie du chant

URNACONDA

194

INSAISISSABLES

Type : Attaque

Plat préféré : Viande

Il ne s'agit pas d'un simple pot : il y a un serpent géant à l'intérieur ! On raconte qu'il serait à l'origine des diables à ressort.

Attaques et actions :

- Talent : Ramphor
- Attaque : Mâchouille
- Charge Âmultime : Veninconda
- Technique : Restauration
- Envoûtement : Énergie reptile

MURHAINE

195

INSAISISSABLES

Murhaine ne voit que le mauvais côté des gens et tape tout ce qu'il déteste avec sa queue. Autant dire qu'il s'en sert beaucoup !

Type : Sabotage

Plat préféré : Viande

Attaques et actions :

- Talent : Imperméable
- Attaque : Gifle
- Charge Âmultime : Charge odieuse
- Technique : Décharge
- Envoûtement : Haineux

SAUMHONNI

196

INSAISISSABLES

Saumhonni a une dent contre tout le monde sans raison. Si tu le trouves au pied de ton lit au réveil, COURS !

Type : Technique

Plat préféré : Viande

Attaques et actions :

- Talent : Imperméable
- Attaque : Double coupure
- Charge Âmultime : Vengeance
- Technique : Foudre
- Envoûtement : Détestable

VEXTURGEON

197

INSAISISSABLES

RARE !

Vexturgeon se met en colère dès qu'on le critique. Les enfants s'énervent quand ils reçoivent un sermon de la part des adultes par sa faute.

Attaques et actions :

- Talent : Jeu de feu
- Attaque : Double coupure
- Charge Âmultime : Folie furieuse
- Technique : Brasier
- Envoûtement : Folie

Type : Technique

Plat préféré : Viande

DRACOUNET

198

INSAISISSABLES

Ce bébé dragon en quête d'attention est capable de voir les forces cachées des autres Yo-kai grâce à la boule qu'il porte sur la tête.

Attaques et actions :

- Talent : Dévouement
- Attaque : Coup de boule
- Charge Âmultime : Cristal sismique
- Technique : Éboulement
- Envoûtement : Énergie dragon

Type : Soutien

Plat préféré : Cuisine chinoise

SIRE DRAGON

199

INSAISISSABLES

Type : Attaque

Plat préféré : Cuisine chinoise

Grâce à cette fusion, Dracounet a maintenant assez de dignité et peut donc prétendre au statut de « dragon ».

Attaques et actions :

- Talent : Dragon tenace
- Attaque : Vilaine morsure
- Charge Âmultime : Rocher dragon
- Technique : Météore
- Envoûtement : Énergie dragon

DRAGÔ

200

INSAISISSABLES

Type : Technique

Plat préféré : Cuisine chinoise

RARE !

Cette créature divine légendaire qui utilise le pouvoir de l'eau est plus puissante que Sire Dragon.

Attaques et actions :

- Talent : Dragon tenace
- Attaque : Vilaine morsure
- Charge Âmultime : Averse du dragon
- Technique : Cascade
- Envoûtement : Énergie cobalt

BABABOU

201

INSAISISSABLES

Bababou passe son temps à regarder dans le vide, ne bougeant pas parfois pendant trois jours entiers. À quoi peut-il bien penser ?

Type : Sabotage

Plat préféré : Bonbons

Attaques et actions :

- Talent : Âmunisé
- Attaque : Plaquage absolu
- Charge Âmultime : Attaque planante
- Technique : Absorption
- Envoûtement : Cœur généreux

TOURNEBOUL

202

INSAISISSABLES

À cause de Tourneboul, tu marmonnes et bafouilles. Le pire qui puisse t'arriver quand tu dois parler devant toute ta classe !

Type : Soutien

Plat préféré : Bonbons

Attaques et actions :

- Talent : Âmunisé
- Attaque : Plaquage absolu
- Charge Âmultime : Tourneboulement
- Technique : Vortex
- Envoûtement : Cœur incertain

CROQUIN

203

INSAISISSABLES

Croquin aime manger les enfants. Il les attend à la sortie de l'école pour les faire mariner avant de les dévorer. Il aime aussi les asperges.

Attaques et actions :

- Talent : Traîne-savates
- Attaque : Vilaine morsure
- Charge Âmultime : Peau de requin
- Technique : Rapides
- Envoûtement : Traînard

Type : Attaque

Plat préféré : Légumes

INISQUALE

204

INSAISISSABLES

Par la faute d'Inisquale, tu ne sauras soudain plus faire ce pour quoi tu étais si doué. Il peut même forcer un expert redevenir débutant.

Attaques et actions :

- Talent : Peau de squale
- Attaque : Vilaine morsure
- Charge Âmultime : Voracité forcenée
- Technique : Cascade
- Envoûtement : Amateur

Type : Attaque

Plat préféré : Légumes

CLAQUILLE

205

INSAISISSABLES

Type : Défense

Plat préféré : Pain

Si Claquille t'envoûte, il te fera dépenser ton argent pour acheter des choses dont tu n'as même pas envie. Dis au revoir à tes économies !

Attaques et actions :

- Talent : Coqu'invincible
- Attaque : Mâchouille
- Charge Âmultime : Casse du siècle
- Technique : Tornade
- Envoûtement : Gaspillage

COCPILLE

206

INSAISISSABLES

Type : Défense

Plat préféré : Pain

RARE !

Cocquille peut te rendre très généreux, au point que ton porte-monnaie se videra en moins de temps qu'il ne faut pour le dire.

Attaques et actions :

- Talent : Coqu'invincible
- Attaque : Mâchouille
- Charge Âmultime : Dette éternelle
- Technique : Rapides
- Envoûtement : Générosité

JACQUASSEUR

207

INSAISISSABLES

N'accepte pas de prêter l'oreille à ce que dit Jacquasseur, sinon il ne s'arrêtera pas de parler, parler, parler, parler encore et encore. Il est très mauvais pour écouter les autres.

Attaques et actions :

- Talent : Flâneur pro
- Attaque : Tour complet
- Charge Âmultime : Pif Paf
- Technique : Rapides
- Envoûtement : Moulin à parole

Type : Technique

Plat préféré : Bonbons

BANANAR

208

INSAISISSABLES

RARE !

Bananar est entièrement fait de banane et beaucoup de mouches lui tournent autour. Il n'a donc rien à voir avec Jacquasseur.

Attaques et actions :

- Talent : Flâneur pro
- Attaque : Tour complet
- Charge Âmultime : Banane Splash
- Technique : Cascade
- Envoûtement : Énergie banane

Type : Technique

Plat préféré : Bonbons

VIPÈTESEC

209

INSAISISSABLES

Tu ne pourras refuser de répondre aux ordres venant de l'éventail de Vipètesec. Et il adore tout contrôler autour de lui.

Attaques et actions :

- Talent : Pare-feu
- Attaque : Coups successifs
- Charge Âmultime : C'est moi le chef !
- Technique : Incendie
- Envoûtement : Autoritarisme

Type : Attaque

Plat préféré : Fruits de mer

VIPÉRÂLE

210

INSAISISSABLES

Ce Yo-kai te fera râler pour un oui ou pour un non. Grr !

Attaques et actions :

- Talent : Avidité
- Attaque : Coups successifs
- Charge Âmultime : Âme amère
- Technique : Rapides
- Envoûtement : Mauvaise humeur

Type : Technique

Plat préféré : Fruits de mer

VIPAIRFLAY

211

INSAISISSABLES

Quand un combat commence, Vipairflay sort de nulle part pour s'assurer qu'il n'y a pas de triche.

Type : Sabotage

Plat préféré : Fruits de mer

Attaques et actions :

- Talent : Équipement banni
- Attaque : Coups successifs
- Charge Âmultime : Vague de venin
- Technique : Haute tension
- Envoûtement : Venin de vipère

OCTORGONE

212

INSAISISSABLES

Ce Yo-kai d'élite se bat en usant de son écharpe dragon. Il possède des capacités de haut niveau.

Type : Soutien

Plat préféré : Fruits de mer

Attaques et actions :

- Talent : Octocharge
- Attaque : Vilaine morsure
- Charge Âmultime : Octoreptile
- Technique : Haute tension
- Envoûtement : Aide d'Octorgone

OCTORGOMBRE

213

INSAISISSABLES

RARE !

L'ombre d'Octorgombre maîtrise l'art de tuer à la perfection. Ceux qui l'ont vue n'ont pas survécu.

Attaques et actions :

- Talent : Invisibilité
- Attaque : Vilaine morsure
- Charge Âmultime : Dragombre
- Technique : Restauration
- Envoûtement : Voile

Type : Attaque

Plat préféré : Fruits de mer

SHOGUNYAN

214

VAILLANT

LÉGENDAIRE !

Jibanyan est devenu un guerrier légendaire. Shogunyan adore le thon et en garde toujours un peu sous son armure.

Attaques et actions :

- Talent : Instant critique
- Attaque : Taillade éclair
- Charge Âmultime : Chatana
- Technique : Ouragan
- Envoûtement : Cœur de guerrier

Type : Attaque

Plat préféré : Fruits de mer

KOMASHURA

215

MYSTÉRIEUX

LÉGENDAIRE !

Ce Komasan légendaire, doté d'un cœur de démon, bat ses ennemis grâce à sa flamme sulfureuse.

Type : Technique

Plat préféré : Lait

Attaques et actions :

- Talent : Esprit solidaire
- Attaque : Poings précis
- Charge Âmultime : Shurafale de feu
- Technique : Brasier
- Envoûtement : Énergie brute

CABOTIN

216

SINISTRES

LÉGENDAIRE !

Corniot est devenu, par on ne sait quel sortilège, plutôt charmant. Son sourire est très apaisant !

Type : Soutien

Plat préféré : Cuisine chinoise

Attaques et actions :

- Talent : Sympathie
- Attaque : Plaquage
- Charge Âmultime : Sourire de star
- Technique : Paradis
- Envoûtement : Soin ambiant

CAMAÏEUL

217

BIENVEILLANTS

LÉGENDAIRE !

Ce Granpapéti légendaire aurait submergé une ville sous des tonnes de fleurs revigorantes.

Type : Guérison

Plat préféré : Boulettes de riz

Attaques et actions :

- Talent : Traitement
- Attaque : Coup de boule
- Charge Âmultime : Floraison
- Technique : Paradis
- Envoûtement : Floraison miracle

GORGOUILLE

218

COSTAUDS

LÉGENDAIRE !

Le plus puissant oni qui soit ! Le pouvoir de Gorgouille est si grand qu'il n'y a besoin d'aucune explication. Vraiment aucune. On en a déjà trop dit en fait...

Type : Attaque

Plat préféré : Viande

Attaques et actions :

- Talent : Instant critique
- Attaque : Cogneur
- Charge Âmultime : Dérouillée en or
- Technique : Foudre
- Envoûtement : Oni-énergie

INDEX